Traduction : Nadège Verrier
Couverture : Jacques Plé et Isabelle Glomaud
Réalisation : Graph'M

23.28.6014.01.7
ISBN : 2012360149
Dépôt légal : 1364 - septembre 1994
N° d'édition : 28054/94022
Imprimé en Espagne par Artes Gráficas Toledo, S.A.
D.L.TO:618-1994

© 1993, Lennart Nilsson photography AB, Lena Katarina Swanberg,
and Bonnier Alba AB
« NAÎTRE raconté aux enfants » est paru sous le titre : « Vi ska fä ett syskon »
dans son édition originale.

Pour l'édition française:
© HACHETTE LIVRE : Littérature Générale (Livres Pratiques), 1994

Lennart Nilsson & Lena Katarina Swanberg

NAÎTRE

raconté aux enfants

*J*e m'appelle Marie et j'ai presque cinq ans. J'ai un grand frère de six ans et demi. Il s'appelle Julien. Dans le ventre de Maman, il y a Thomas. C'est notre petit frère qui va bientôt naître, et c'est de lui que je parle dans ce livre.

HACHETTE

Ma maman s'appelle Christine. Elle est toujours heureuse et porte parfois des lunettes. Elle est infirmière. Mon papa s'appelle Pierre. Pour aller travailler, il met un costume mais, à la maison, il met plutôt un pull-over. J'aime bien son pull-over parce qu'il sent son odeur, mais j'aime pas son costume, il est triste et froid.

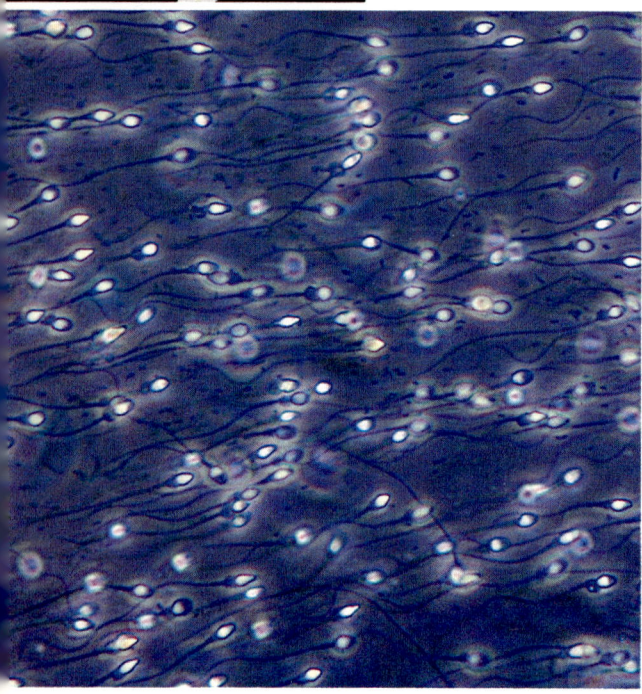

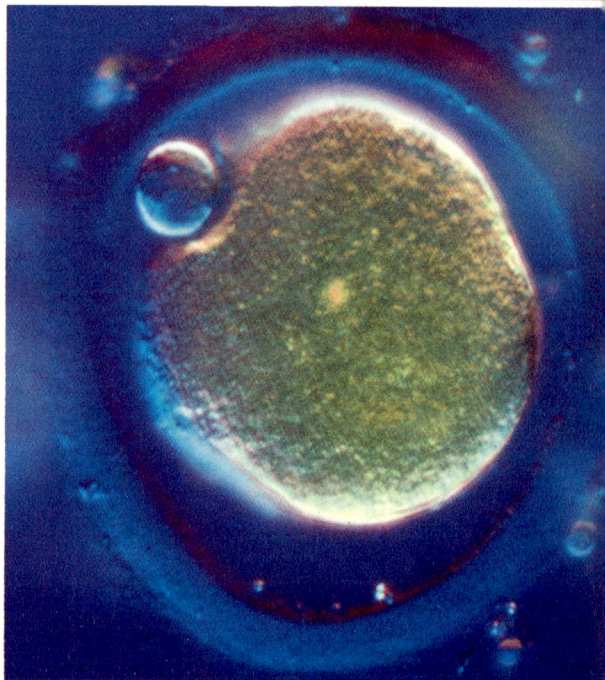

Dans le ventre de ma maman, il y a de minuscules ovules et, dans les testicules de mon papa, des spermatozoïdes encore plus petits. Pour qu'un enfant commence à exister, il faut qu'un ovule et un spermatozoïde se rencontrent. Pour cela, lorsque Maman et Papa font l'amour, le pénis de Papa entre à un moment dans le vagin de Maman et y dépose des centaines de millions de spermatozoïdes.

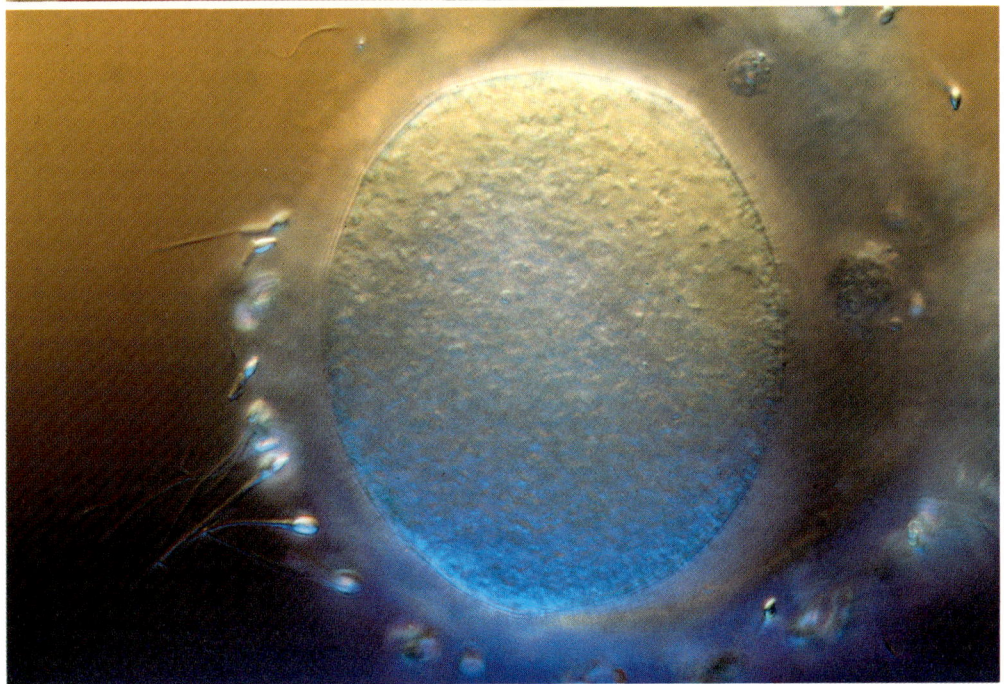

Pendant que, dans le ventre de Maman, un petit ovule, tout seul, attend tranquillement la rencontre, les millions de spermatozoïdes font la course et se battent pour arriver les premiers. Ils se déplacent en remuant leur petite queue aussi vite que possible. Le premier spermatozoïde qui atteint l'ovule se dépêche d'y entrer. Ensuite, plus aucun autre ne peut y pénétrer. C'est à partir de ce moment-là que le bébé commence à grandir.

Je me souviens très bien quand Maman nous a dit qu'on allait avoir un petit frère. Je n'avais jamais vu mon papa sauter de joie comme ça avant. C'est rare de voir des grandes personnes sauter quand elles ne sont pas en survêtement. Ce jour-là, on était tous tellement heureux qu'on a beaucoup sauté en l'air ! Moi, j'étais si contente que je voulais qu'on saute tous jusqu'au toît de la maison ! Julien, lui, voulait sauter jusqu'à la cheminée. Papa a dit que trois enfants, c'était le paradis ! Il devait être vraiment très heureux, parce qu'il sautait beaucoup plus haut que tout le monde. Mais c'est normal, c'est parce qu'il a de grandes jambes...

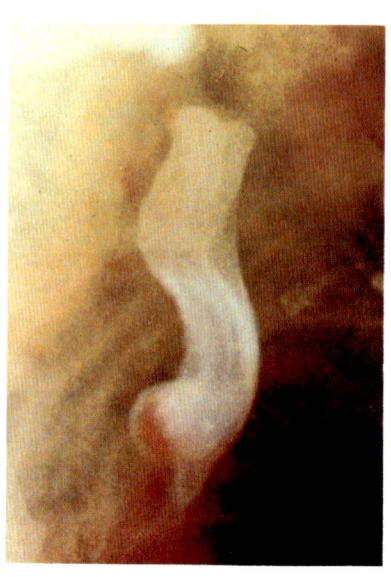

3 semaines, 1,5 mm.

Au début, je voulais que le bébé arrive tout de suite. C'est vrai, c'est pas drôle d'attendre ! Mais Maman a dit que le bébé naîtrait à l'automne, qu'il ne serait pas prêt avant. J'étais un peu fâchée quand elle a dit ça : on était seulement en hiver… Après, c'est le printemps, puis l'été, et mon anniversaire… Mais mon anniversaire, c'est dans des mois et des mois ! Et pour le bébé, il faudra attendre encore bien plus longtemps.

«Bon, c'est pas grave pour le bébé», j'ai dit à Maman, et Mamie a ajouté : «Tout vient à point qui sait attendre». Du coup, on est sortis et on a fait des batailles de boules de neige, parce qu'il avait neigé dans la journée.

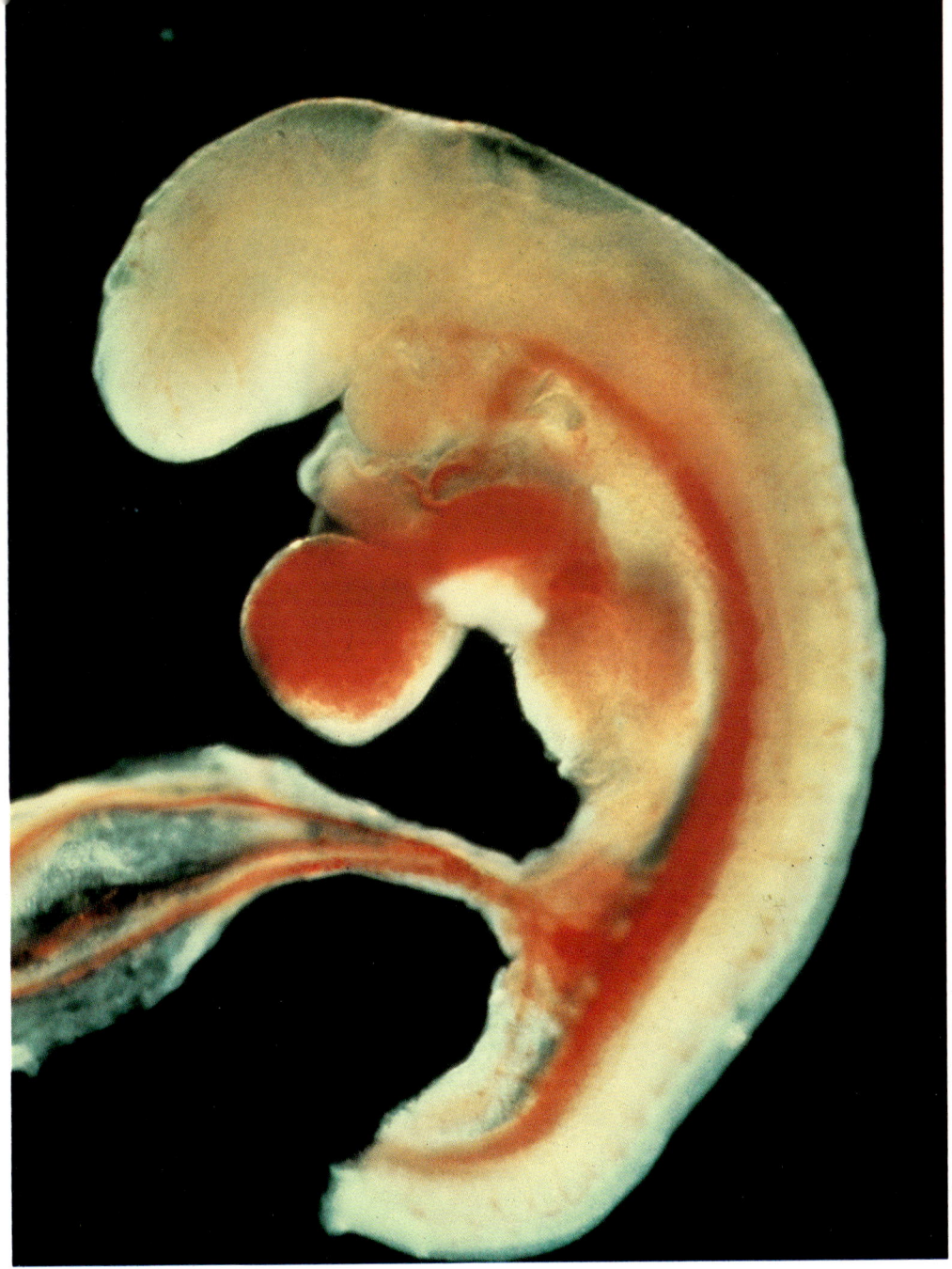

4 semaines, 6 mm.

Maintenant le bébé a quatre semaines. En vrai, il n'est pas aussi gros que sur la photo. Il n'est même pas plus grand que l'ongle de mon petit doigt ! Et pourtant il a déjà sa colonne vertébrale, sa tête et son cœur. Bien sûr, il lui manque encore les jambes, les bras, les yeux et les oreilles, mais, patience... ça va venir!

La fourmi est très, très petite. Et pourtant, elle a quand même six pattes ! Julien, lui, n'a pas peur de prendre une fourmi dans sa main. Moi, je ne le fais plus, parce que, une fois, une foumi m'a piquée. Elle était entrée dans ma chaussette avec trois aiguilles de pin et un petit caillou. Je le sais bien que c'est la fourmi qui m'a piquée. Il y avait même une marque à l'endroit de la piqûre.

Julien, lui, n'a jamais été piqué. Que moi ! C'est vraiment pas juste !

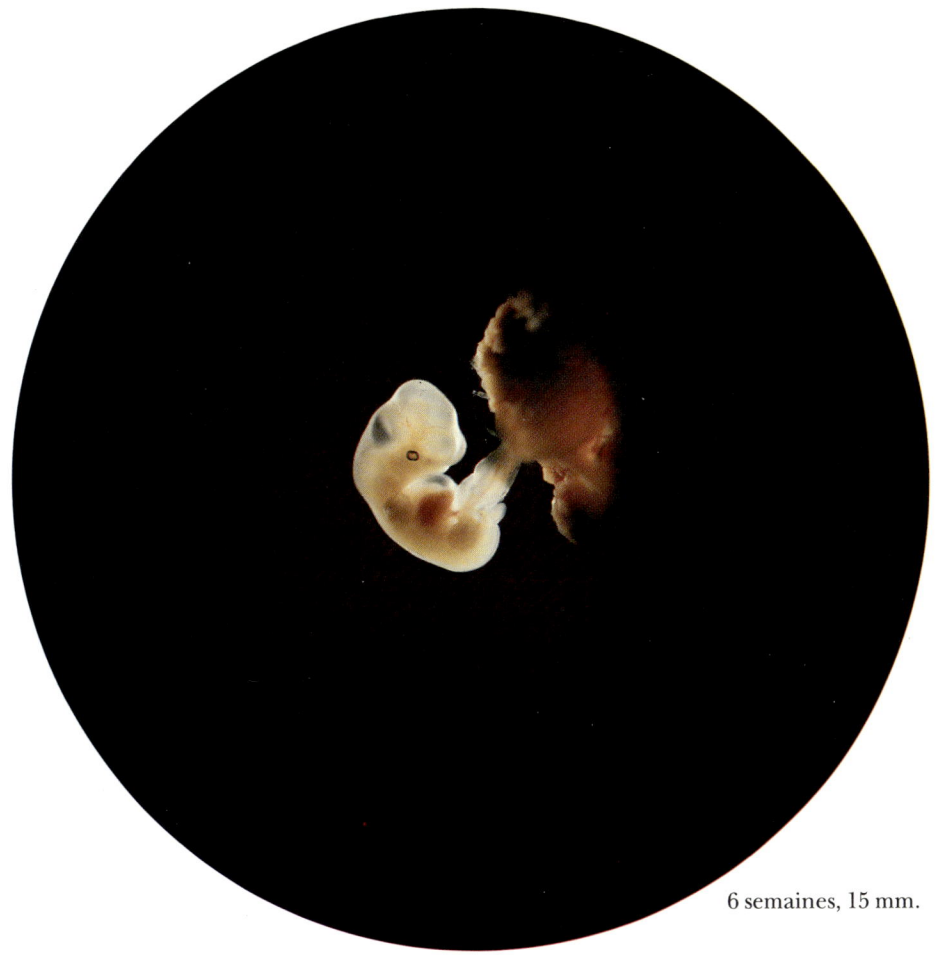

6 semaines, 15 mm.

Après six ou sept semaines, on commence à voir les bras, les mains et les pieds du bébé. On peut même voir ses yeux.

Maintenant que Maman sait qu'elle attend un bébé, elle l'annonce à tous les gens qu'elle connaît. Mais on ne peut encore rien voir de l'extérieur. Le bébé est aussi petit qu'une fourmi et il est caché dans son ventre.

Il se trouve dans une petite pièce spéciale qui s'appelle l'utérus.

Il y a un jardin autour de notre maison où poussent des framboises et des pommes mais pas une seule petite pomme de terre. Au printemps, Papa et Julien ont planté des graines dans les pots. Certaines vont devenir des tomates, d'autres des fleurs.

«Papa, c'est une graine de petit garçon ou de petite fille que tu as semée dans le ventre de Maman ?», a demandé Julien. Je trouve ça bête que toutes les graines soient mélangées dans les testicules. On ne peut pas savoir laquelle va être semée. Moi, je préfère les plantes parce que, sur les paquets de graines, on voit les photos des fleurs...

Sur la photo, le bébé a presque six semaines. Il a énormément de place dans le ventre de Maman parce qu'il n'est pas plus gros que le haricot que Julien tient dans sa main. Même si petit, le bébé est capable de bouger. Il peut même avoir le hoquet. Comme moi !

    Dans l'utérus c'est chaud et confortable. Tant que Bébé est là, dans ce nid douillet, il grandit et n'attrape pas froid.

6 semaines, 15 mm.

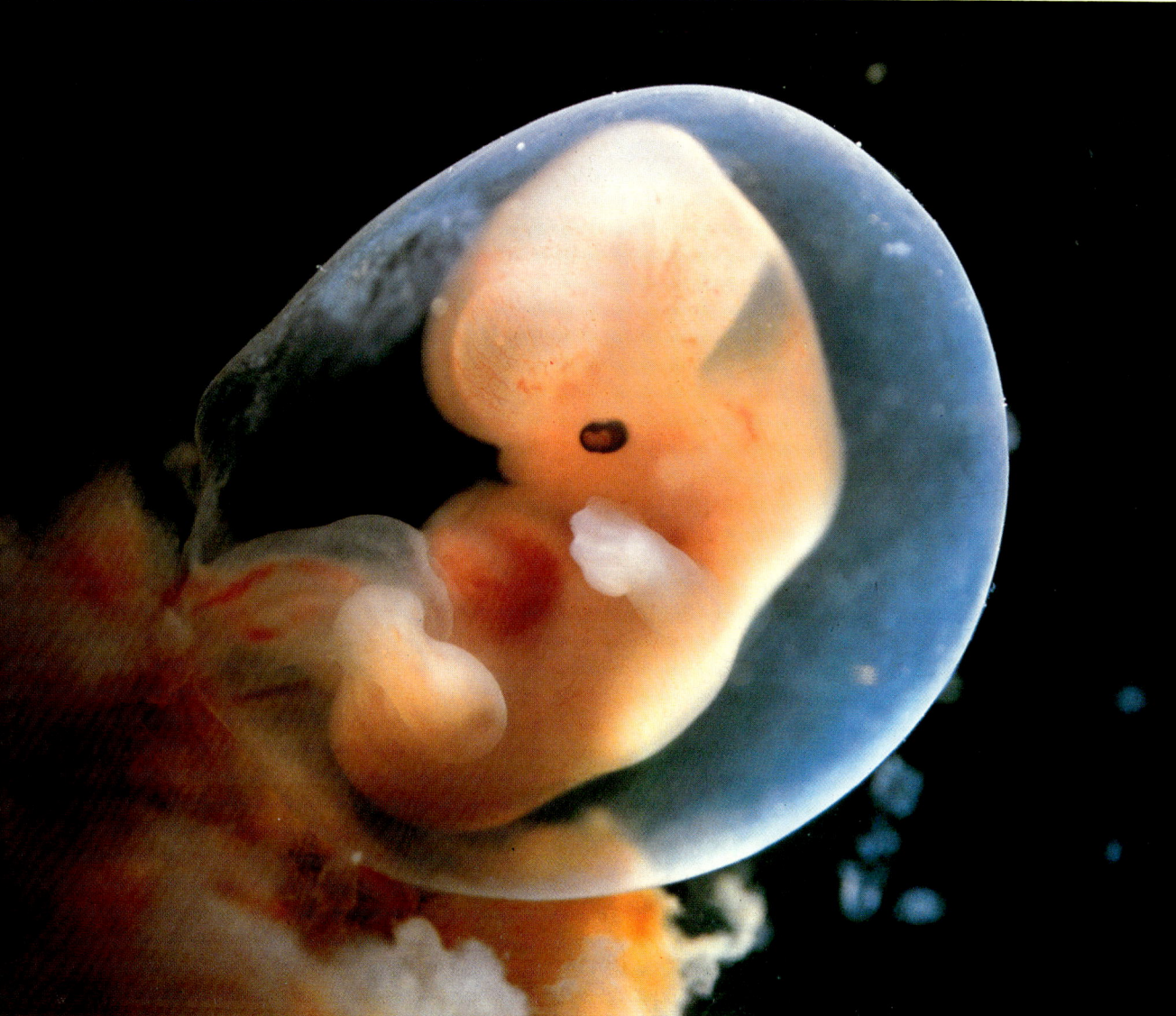

J'ai très très soif. J'ai fait cinq fois le tour de la maison en courant sans m'arrêter. Je n'aime pas beaucoup les jus de fruits jaunes. Je préfère les rouges, à la fraise. Mais il n'y en a plus à la maison. C'est pour ça que j'ai couru autant : maintenant j'ai tellement soif que je ne sentirai même pas le goût du jaune !

J'ai un autre truc pour avaler le jus de fruit jaune. Je tiens le verre des deux mains, comme ça je ne vois pas la couleur. Après, je le bois avec une paille, et ça ressemble presque au jus de fruit rouge. C'est malin, non ?

Moi, je préfère les pailles avec des rayures. Il n'y a que ça de vrai.

Avant qu'il naisse, toute la nourriture dont Bébé a besoin lui arrive par le cordon ombilical. C'est mieux qu'une paille. Un bout est attaché à l'utérus dans le ventre de Maman et l'autre bout au nombril du bébé. Génial ! Bébé peut manger à n'importe quelle heure. Seulement attention, Maman doit avoir une bonne alimentation pendant toute la grossesse pour que Bébé aussi soit bien nourri. Le cordon ombilical est long, comme ça Bébé peut se déplacer facilement et aller manger où il veut.

6-7 semaines, 20 mm.

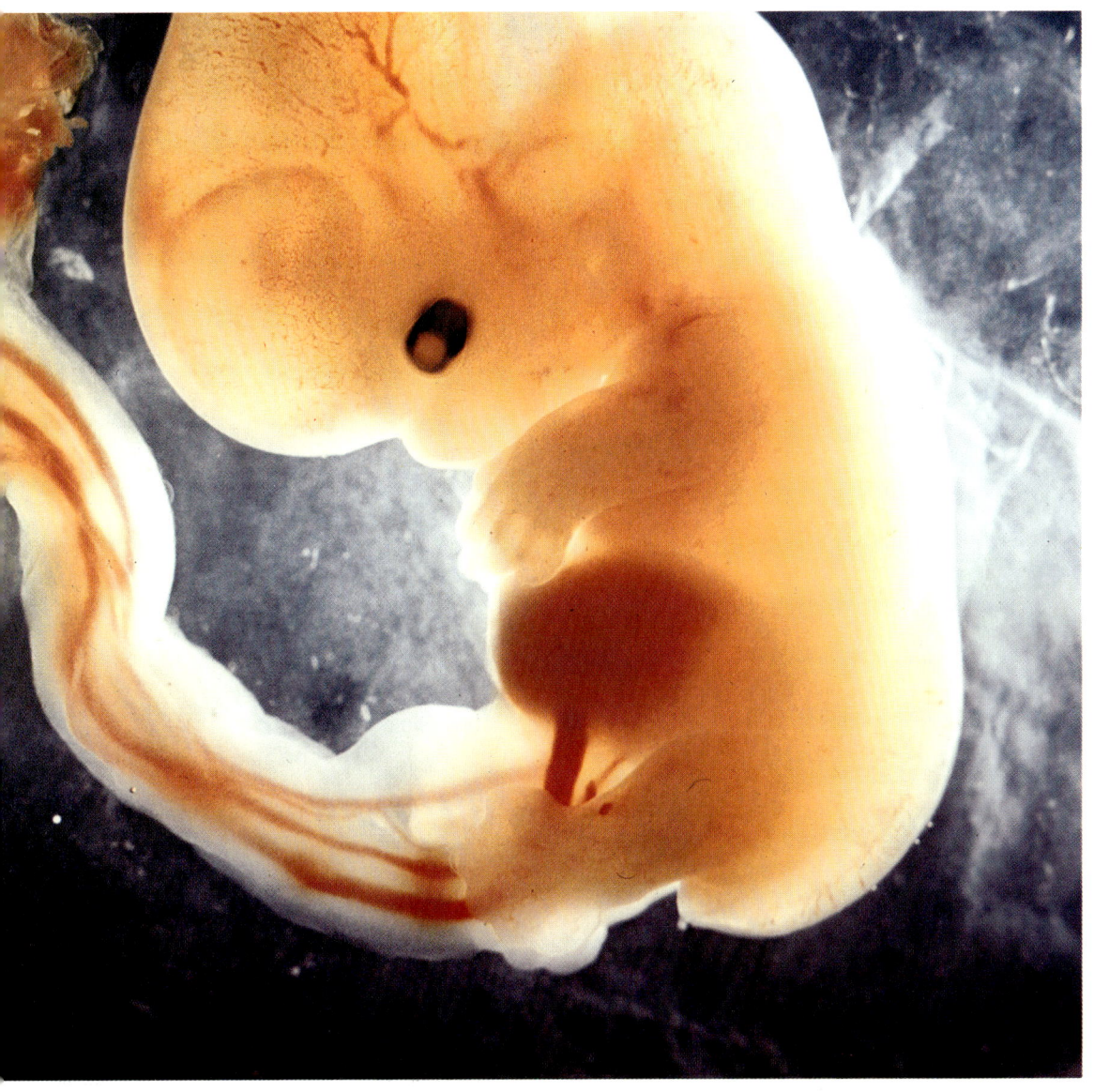

Parfois, quand je prends un bain avec mon frère, Maman met de la mousse. Alors, on se fait des barbes blanches, des chapeaux et on joue à être vieux. On se met debout dans la baignoire et on marche jusqu'à ce qu'on tombe en faisant des «plouf!» et des «splatch!».

C'est bien plus rigolo de prendre un bain avec de la mousse que de se laver avec un gant. Mais avec certaines mousses, il ne faut pas mettre de savon, sinon toutes les bulles éclatent. Ça prouve bien que le savon, c'est un truc pour les grands…

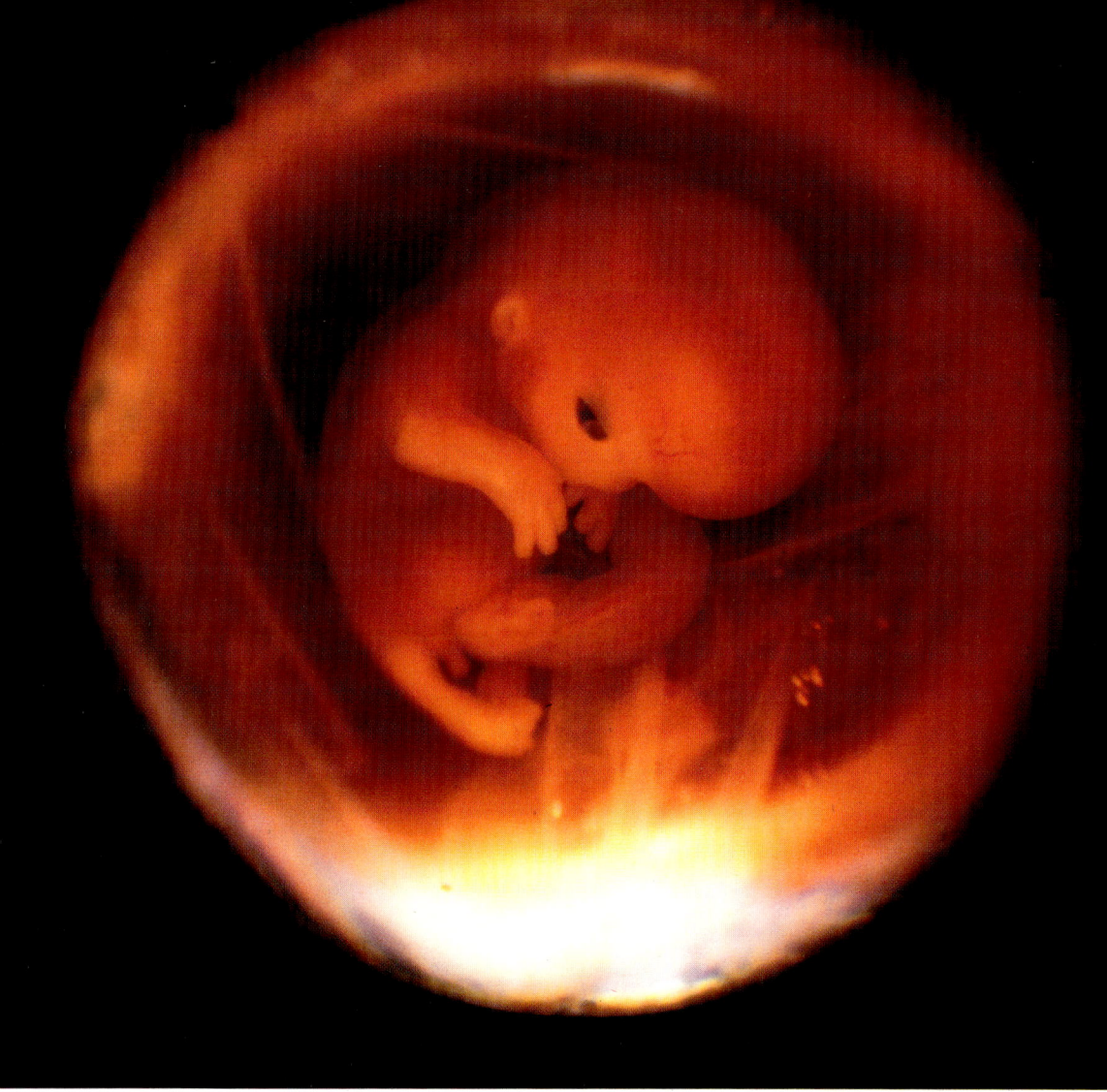

8 semaines, 25 mm.

C'est le spermatozoïde qui décide si le bébé sera une fille ou un garçon parce qu'il y a des spermatozoïdes filles et des spermatozoïdes garçons. Par contre, il n'y a qu'une seule sorte d'ovule.

Au début, c'est impossible de faire la différence entre les sexes dans l'utérus. Ce n'est que petit à petit que le vagin va apparaître chez les filles, et le pénis chez les garçons. Les médecins peuvent connaître le sexe du bébé longtemps avant la naissance, mais beaucoup de familles préfèrent garder la surprise jusqu'à la fin.

Dans mon école, j'ai un super copain qui s'appelle Éric. On s'amuse beaucoup ensemble. On attrape de ces fous rires !

Éric a les yeux marron, les cheveux châtains et la peau noire. Comme sa maman et son papa. Moi aussi, j'ai les yeux marron, mais mes cheveux sont châtain clair et ma peau blanche, comme ma maman. Mon papa, lui, est brun et Julien est tout blond.

L'été, quand je vais au soleil, ma peau devient presque aussi foncée que celle d'Éric et mes cheveux s'éclaircissent. J'ai même des mèches blondes à la fin des vacances.

Un enfant ressemble soit au papa qui a donné le spermatozoïde, soit à la maman qui a donné l'ovule, ou au deux à la fois, parce que les gènes — qui déterminent la couleur de la peau, des yeux, des cheveux et tout le reste — se trouvent à l'intérieur du spermatozoïde et de l'ovule.

Un enfant adopté peut aussi ressembler à ses parents adoptifs, parce que, souvent, il les copie, il apprend leur langue, leurs habitudes, leurs expressions et leur façon de vivre.

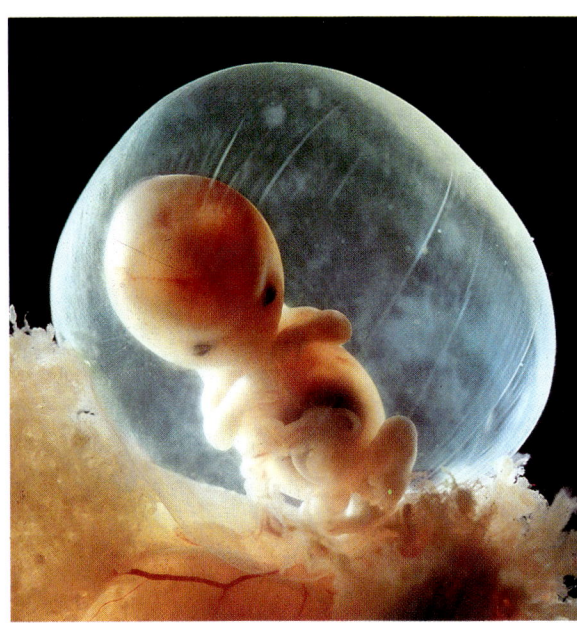

9 semaines, 30 mm.

Tout au fond du ventre de Maman, c'est confortable et Bébé est tranquille. Au tout début, l'utérus n'est pas plus gros qu'une poire, puis il grandit en même temps que le bébé. Les parois sont souples et Bébé nage dans une eau aussi chaude que la peau du ventre.

Cette eau, légèrement salée, s'appelle le liquide amniotique. Jusqu'à la naissance, le bébé s'appelle un fœtus.

Le liquide amniotique protège le bébé des coups que la maman peut recevoir sur le ventre, quand elle se cogne, par exemple. Ce liquide aide aussi le bébé à bouger. Plus le ventre grossit, plus il y a de liquide. Lorsque le bébé va sortir, il y a presque autant de liquide que dans une brique d'un litre de lait.

Mais pour le moment, sur la photo, on voit bien que Bébé n'est pas encore prêt à naître. On aperçoit quand même les doigts minuscules de ses mains et de ses pieds. Ses oreilles commencent, elles aussi, à apparaître.

10-11 semaines, 35 mm.

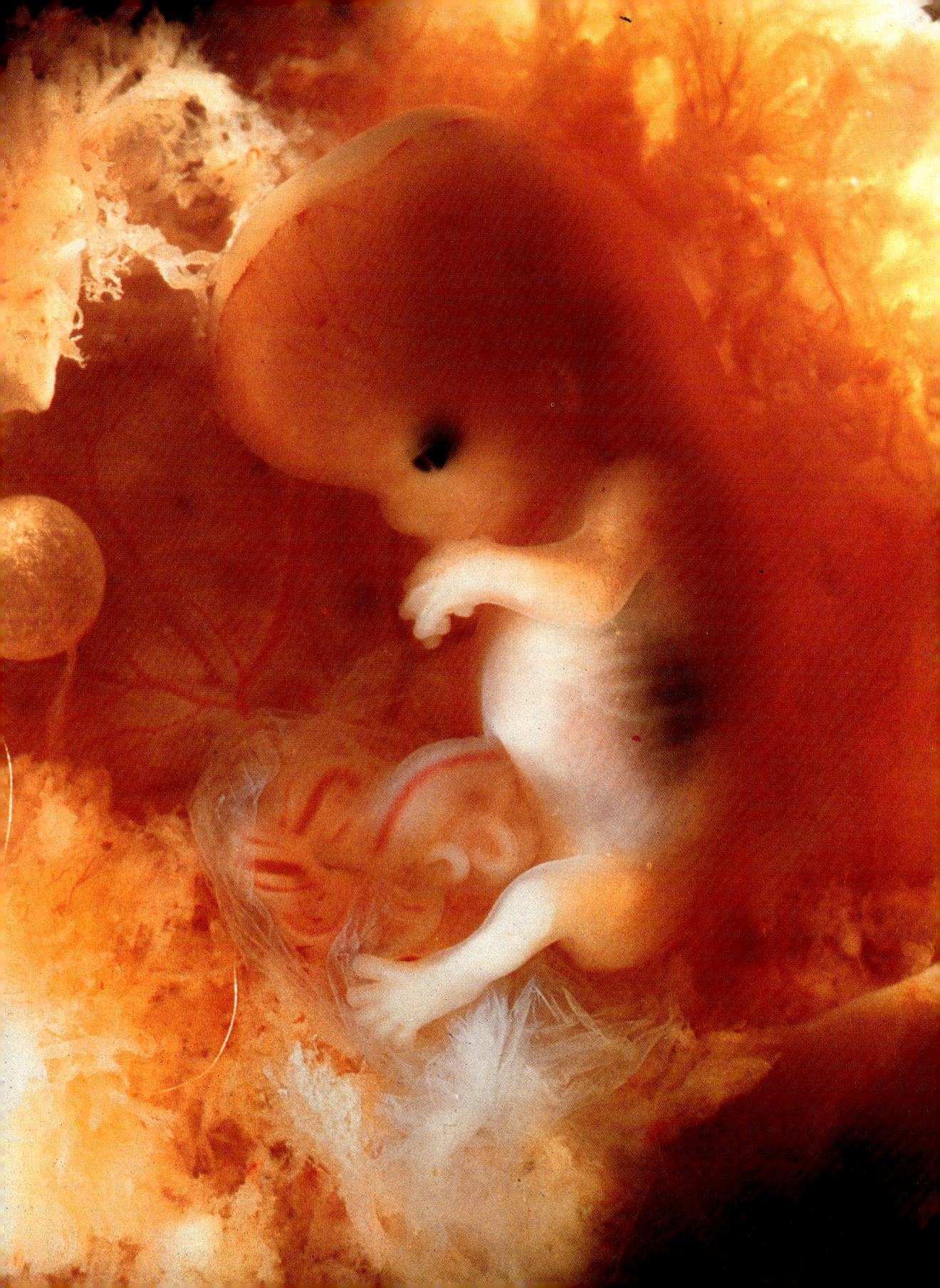

*J*ulien et moi, nous allons chez le pédiatre pour voir si nous grandissons bien et si nous sommes en bonne santé. Maman, elle, va à la maternité. Là, un médecin surveille si le bébé et elle se portent bien. Je suis contente parce que j'ai pu voir notre bébé sur un écran de télévision, et pourtant il est encore dans le ventre de Maman.
   Je n'ai pas pu voir si c'était une petite sœur ou un petit frère parce que l'image était très floue. A mon avis, il y avait un problème avec l'antenne, il faudrait la réparer...

4 mois, 13 cm.

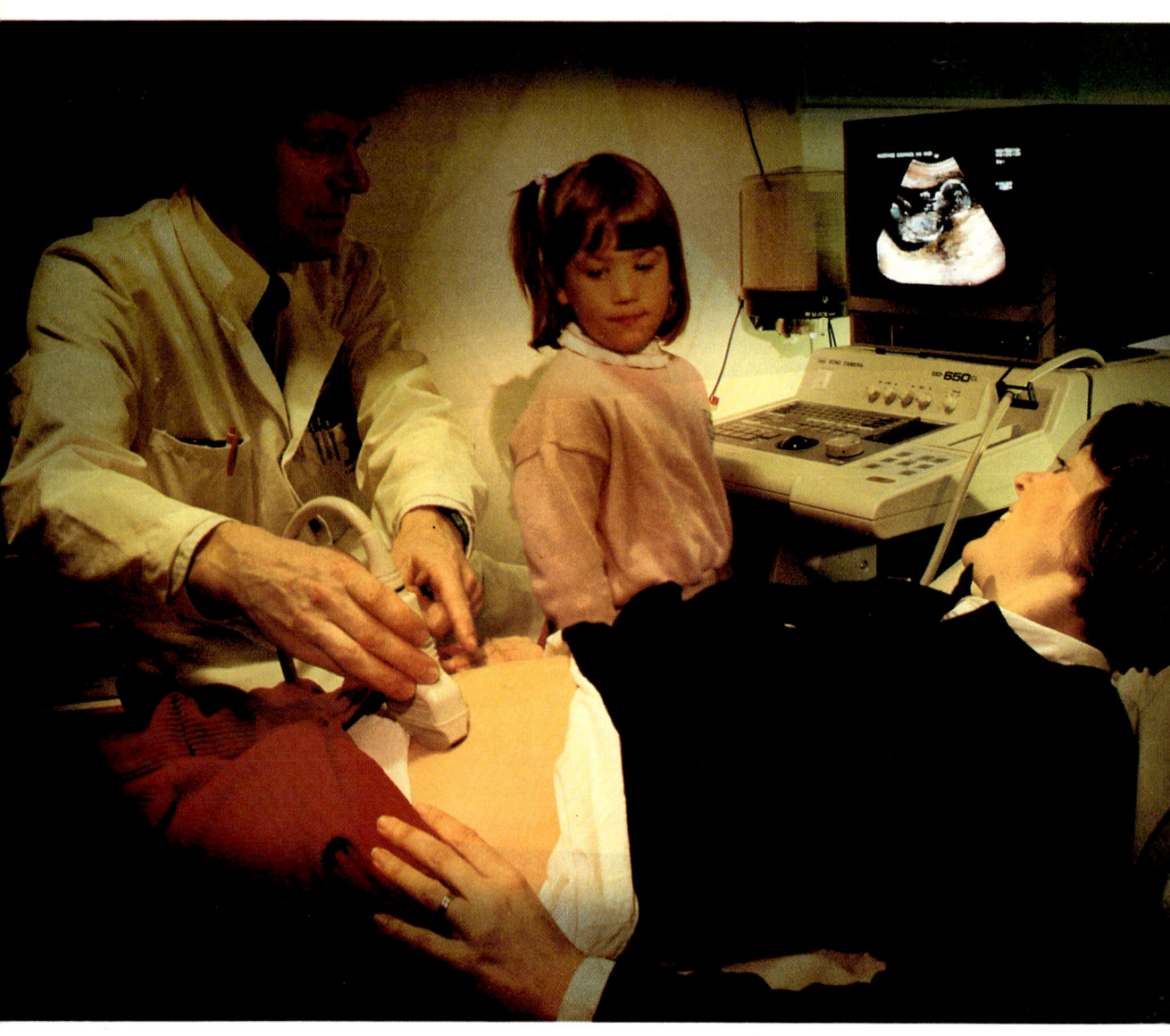

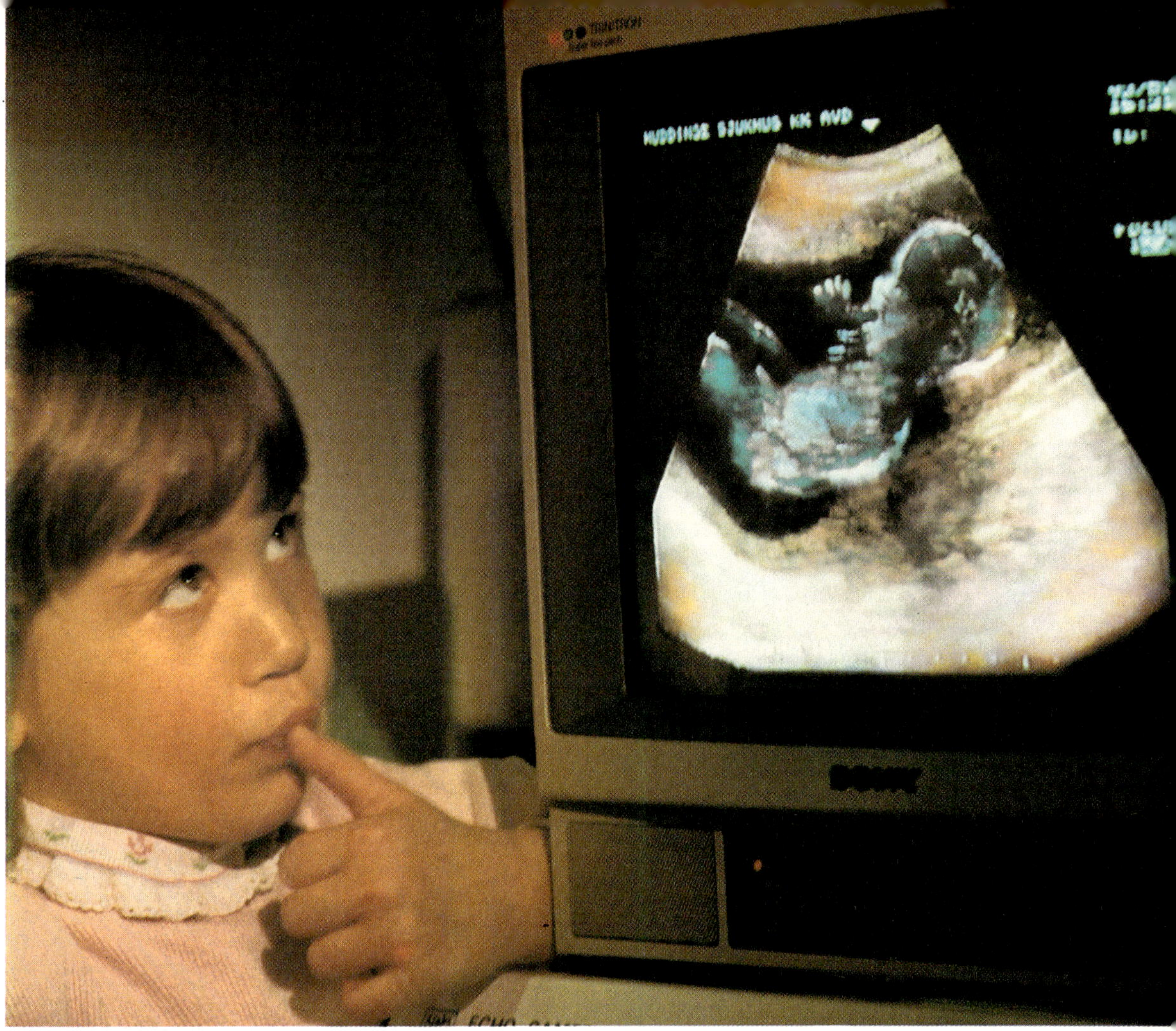

Quand le médecin veut voir comment va le bébé à l'intérieur du ventre de la maman, il fait une échographie. Il regarde sur un écran de télé les bras, les jambes et mesure la grosseur de la tête. Il peut même voir si la maman attend plusieurs bébés.

Avant de commencer, le médecin met un peu de gel sur le ventre de la maman pour que l'image soit meilleure. Après, il fait glisser la sonde sur le ventre et, alors, le bébé apparaît sur l'écran.

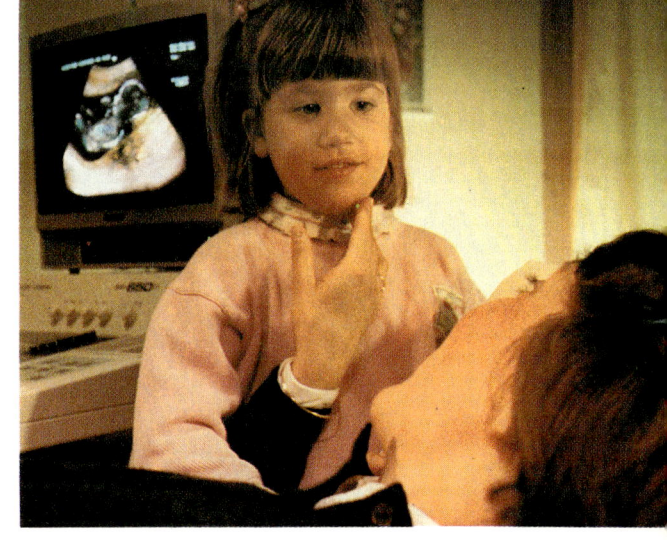

Julien est le plus fort pour grimper. Il n'a pas peur de monter toujours plus haut. D'ailleurs, il est presque toujours le premier, sauf à l'école. Ce qu'il aime aussi, c'est se balancer la tête en bas.

Moi aussi, j'aime bien grimper. Mais ce que je préfère, c'est la balançoire, parce que je me sens mieux la tête en haut et les pieds en bas.

En vrai, je ne trouve pas ça drôle de se mettre à l'envers.

4 mois, 16 cm.

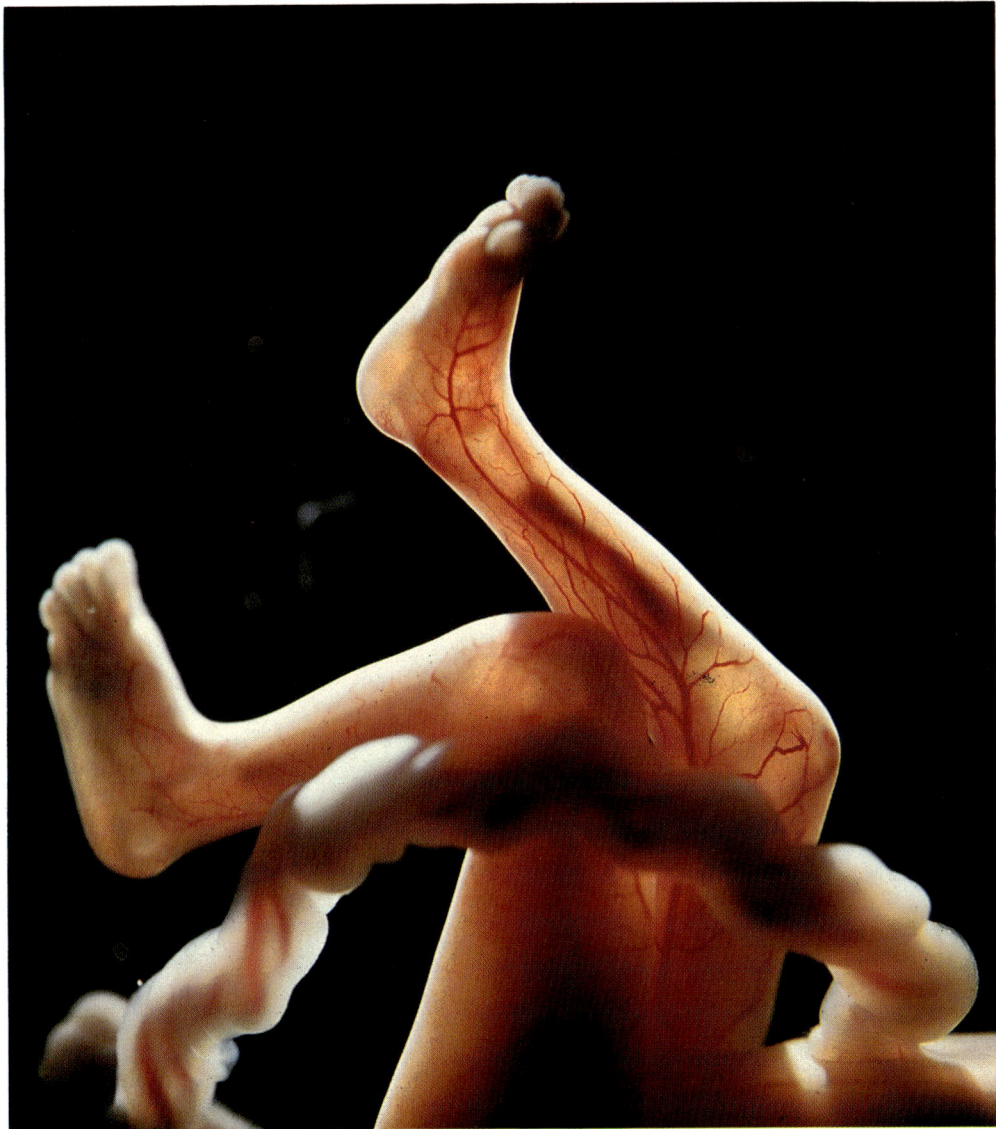

Les os du bébé ne sont pas encore terminés. Sur la photo, on voit bien que les os de la jambe doivent encore grandir pour aller jusqu'au genou et jusqu'au pied.

Lorsqu'il est dans le ventre, le bébé a des os beaucoup moins durs que ceux des enfants qui grimpent et qui courent. Mais c'est fait exprès ! Même sa tête est plutôt molle, c'est pour qu'elle passe plus facilement au moment de la naissance.

Les os se fortifient et se solidifient seulement après la naissance.

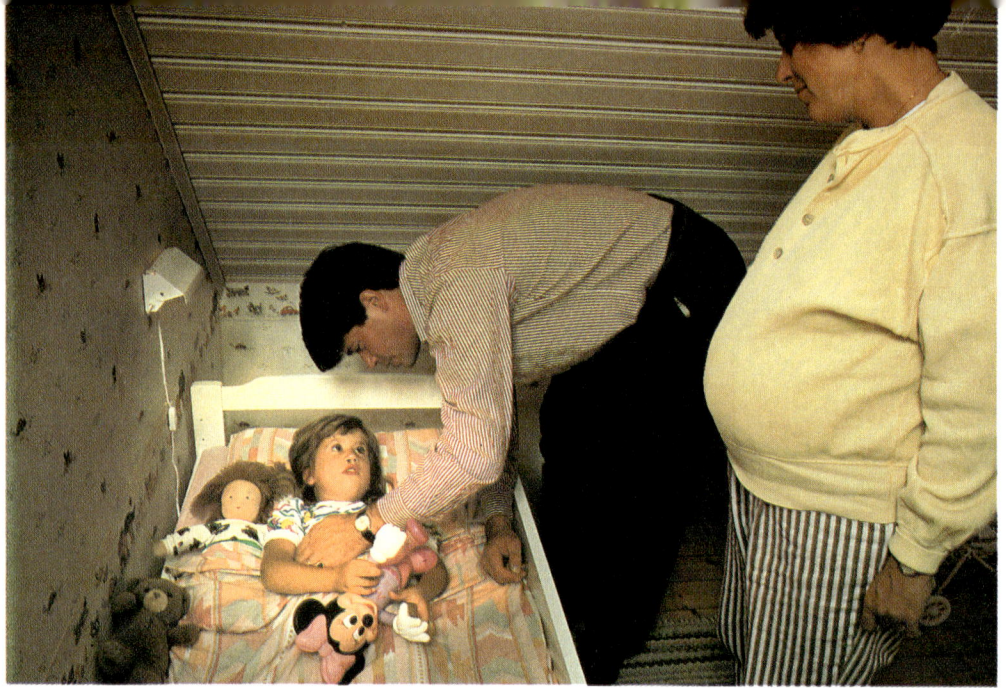

J'ai beaucoup pensé à notre petit frère, surtout le soir. Quand Papa me faisait un câlin, j'étais malheureuse pour le bébé. Je pensais que personne ne le prenait dans ses bras. Il n'a même pas de jouets là où il est. Et personne ne lui chante des berceuses non plus ! Je l'ai dit à Papa

Il m'a répondu qu'il entendait certainement les berceuses. Elles lui arrivent, douces et rassurantes, à travers les parois du ventre. J'ai trouvé ça super, parce que le soir je me demandais parfois s'il ne se sentait pas un peu seul. Maintenant je ne suis plus triste.

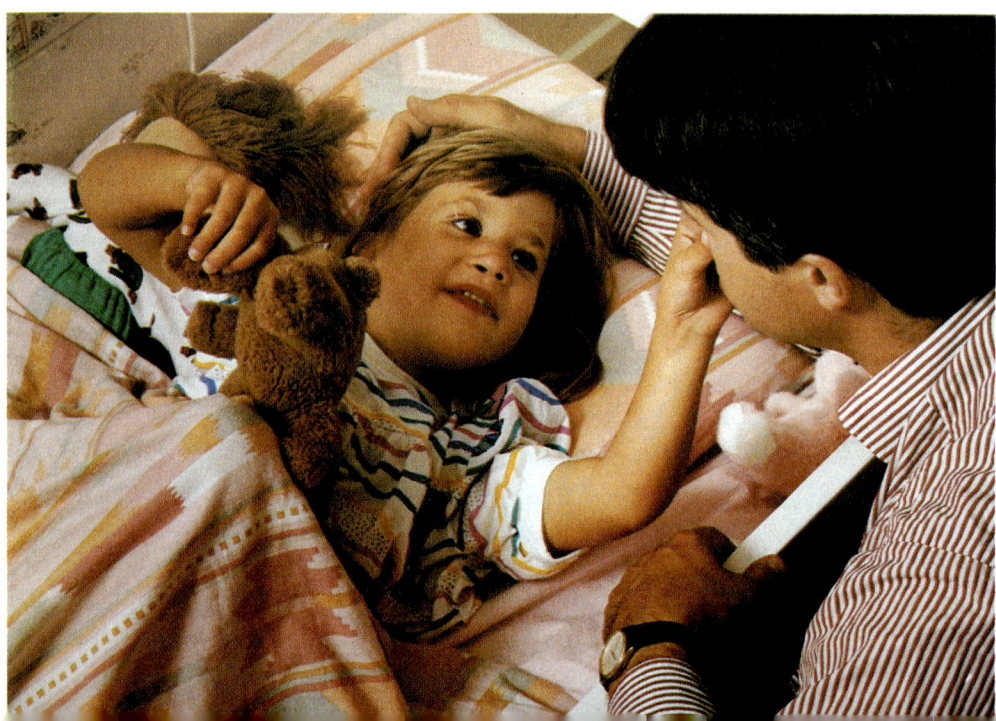

4 mois et demi , 21 cm

Il y a toujours du bruit dans le ventre de Maman ! Dans ce monde douillet, chaud et obscur, Bébé entend les gargouillis de l'estomac et les battements réguliers du cœur de Maman. Il peut même parfois entendre, à travers la paroi du ventre, les voix extérieures ou bien la musique si elle est jouée tout près de lui.

Comme dans un berceau, Bébé est bercé quand Maman bouge.

J'ai décidé quelque chose de très important. Je vais donner mes tétines à notre bébé. Toutes ! Au début, je voulais les donner à Papa. Il avait dit que je pourrais les lui offrir pour son anniversaire. Alors, je lui ai demandé ce qui viendrait en premier, son anniversaire ou le bébé. Il m'a dit que le bébé viendrait beaucoup, beaucoup plus tard.

Alors, j'ai préféré garder mes tétines pour le bébé. Et puis, vous savez quoi ? Je lui ai fait un joli paquet avec un ruban, de la ficelle... et du papier cadeau, avec Mickey dessus.

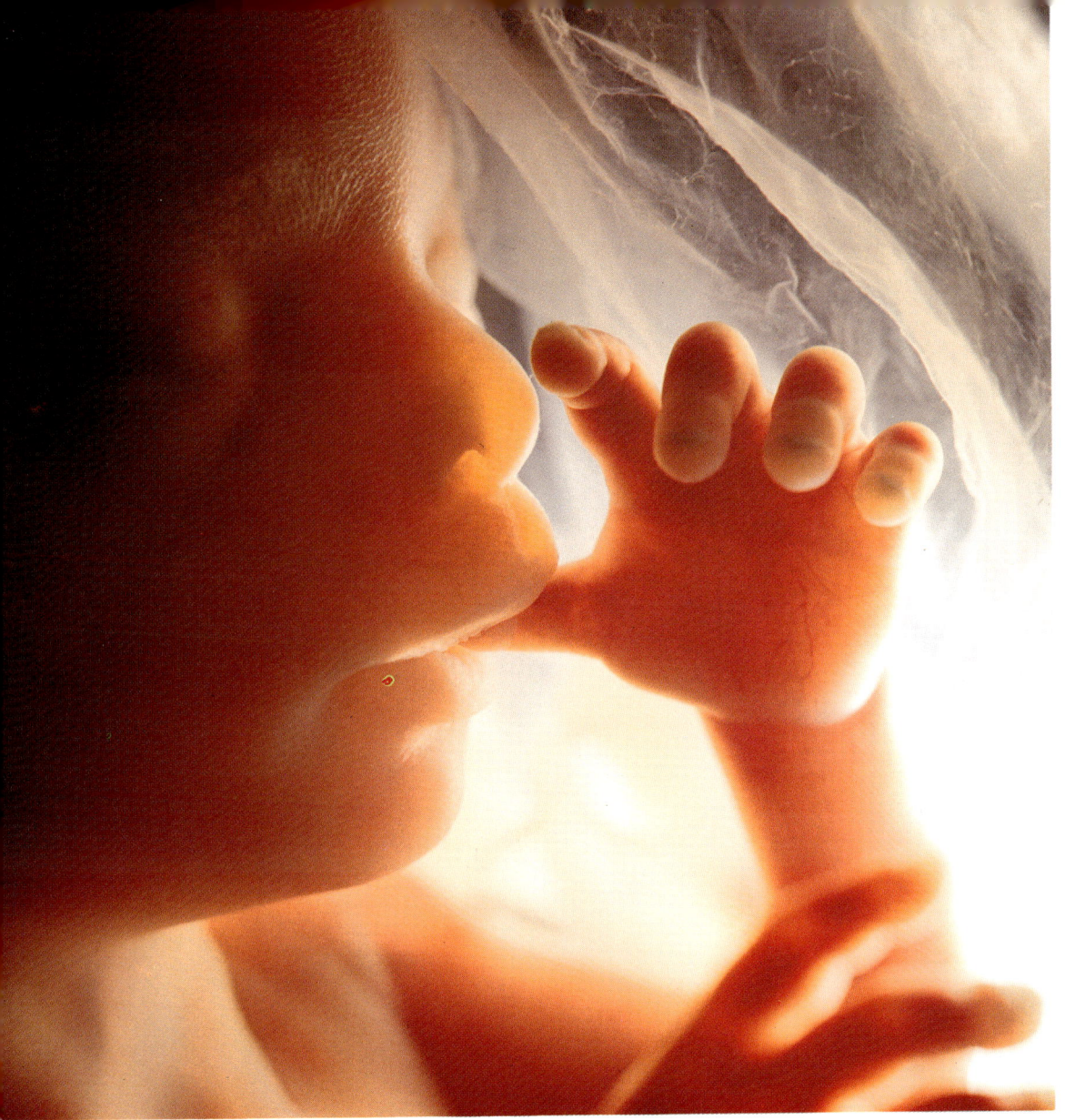

5 mois, 25 cm.

Dans le ventre de Maman, Bébé reçoit toute la nourriture dont il a besoin par le cordon ombilical. Mais, dès qu'il naît, il doit être capable de téter le sein de Maman.

    Pendant qu'il est encore dans le ventre, il s'entraîne donc à sucer. Il bouge les mains et, dès qu'elles touchent sa bouche, il se met instinctivement à sucer. Ça s'appelle le réflexe de succion. Le bébé est capable de sucer sans l'avoir jamais appris. Super, non ?

Quand il commence à faire très chaud, c'est mon anniversaire. Je le fête toujours dehors. On a mangé un joli gâteau avec des bonbons dessus. J'ai aidé Maman à le faire.

Ce qu'il y a de bien avec mon anniversaire, c'est qu'il tombe juste au début de l'été. Alors tout le monde est très content d'être au soleil, et on peut se rouler dans l'herbe pour jouer.

Julien avait mis une cravate, et moi ma plus belle robe, celle avec un grand col. Julien a dû m'aider à ouvrir mes cadeaux tellement j'en ai eus. Le plus beau, c'était une poupée avec une vraie robe de princesse.

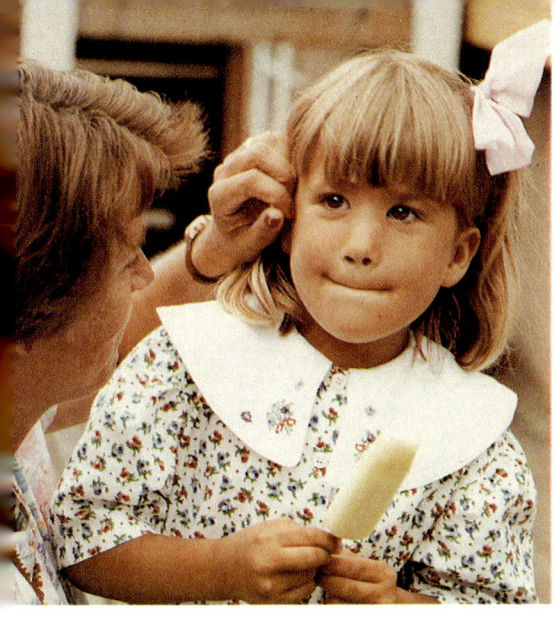

*S*ouffler dans des ballons, ça fait mal aux joues ! Les bulles de savon, c'est plus facile, et puis elles s'envolent toutes seules.

Quand elles éclatent, elles font «ploc!» ou bien on les entend à peine. Il ne reste plus qu'un petit point mouillé et collant, là où se trouvait la bulle. C'est pas grave, ça ne fait pas de taches.

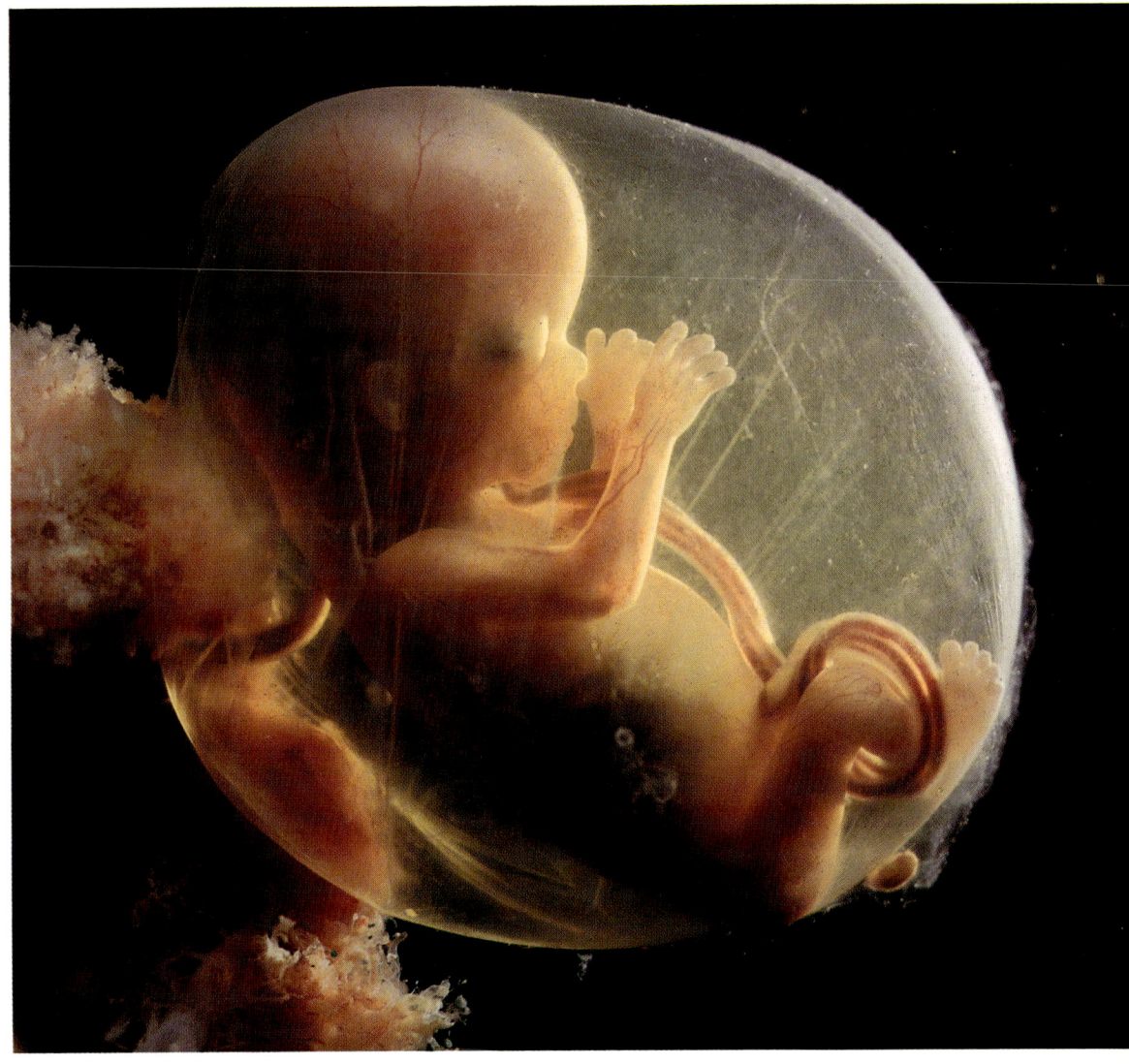

4 mois, 13 cm.

Dans le ventre de Maman, à l'intérieur de l'utérus, Bébé est enveloppé d'une bulle résistante, le sac amniotique, rempli de liquide Au moment de la naissance, le sac se déchire et le liquide amniotique s'échappe. Ce sac est très solide et le médecin est parfois obligé d'aider le bébé à le déchirer. Ensuite, Bébé peut sortir.

Mais là, ce n'est pas encore le moment. Il faut 40 semaines — environ neuf mois — pour qu'un bébé soit complètement prêt à naître.

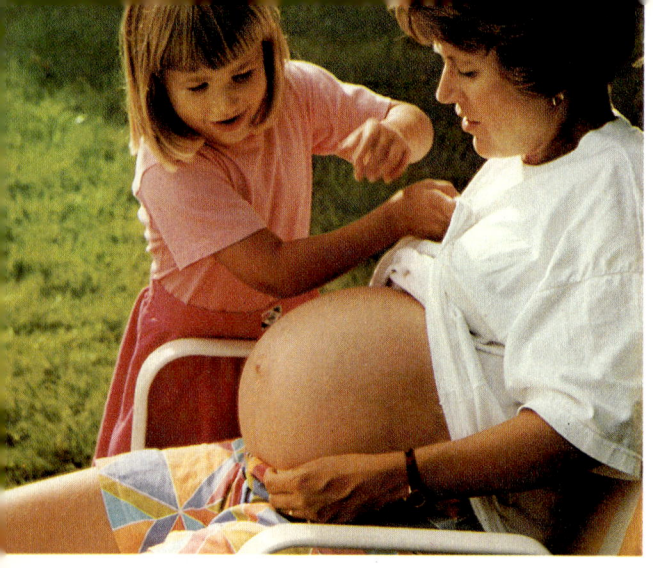

Bébé donne des coups ! Julien et moi on l'a bien senti avec nos mains ! Son pied faisait une toute petite bosse : on pouvait même la voir. Ensuite, quand on a appuyé un petit peu, le pied a bougé. Julien, Maman et moi, on a essayé de deviner où Bébé donnerait le prochain coup.

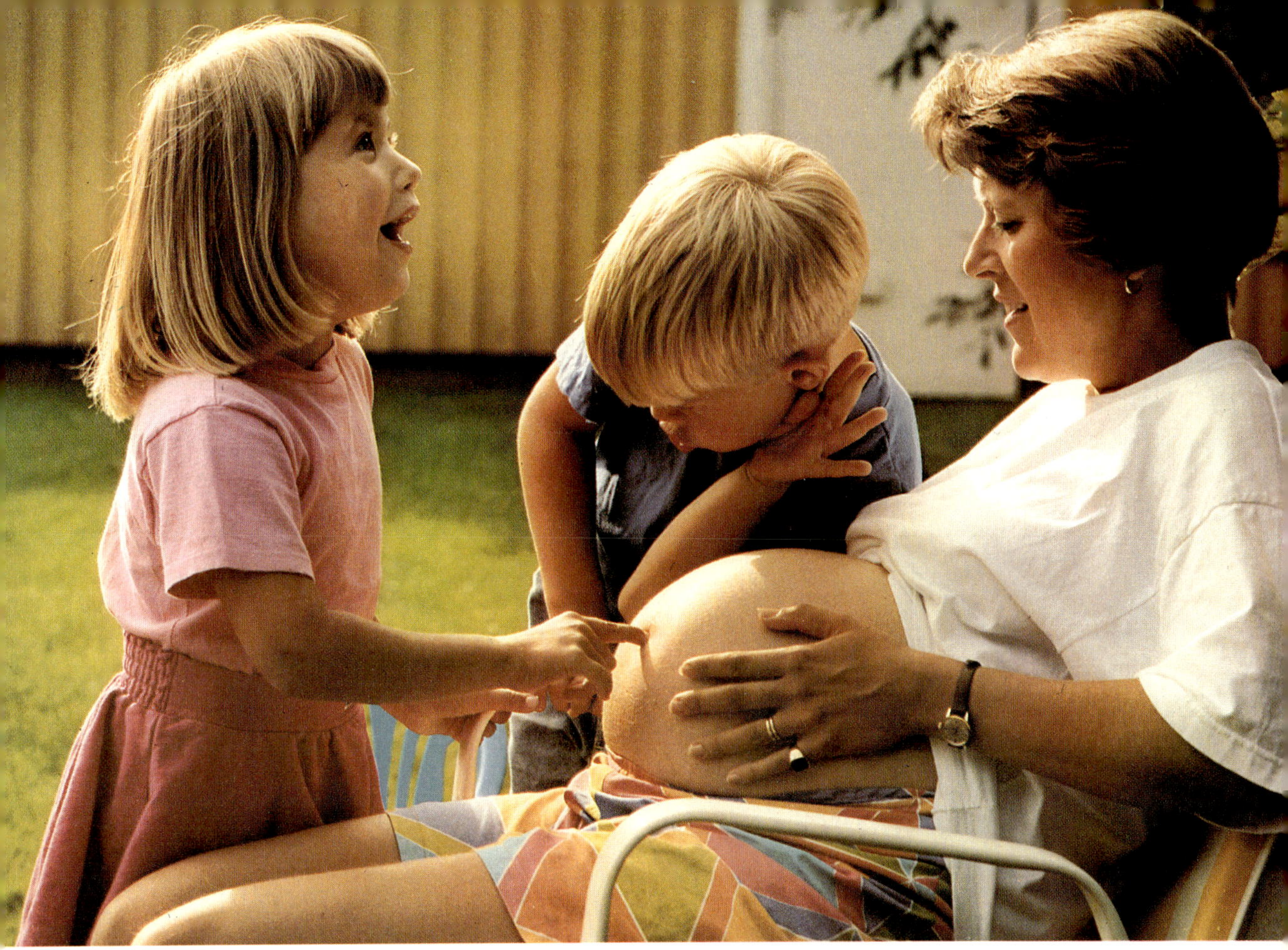

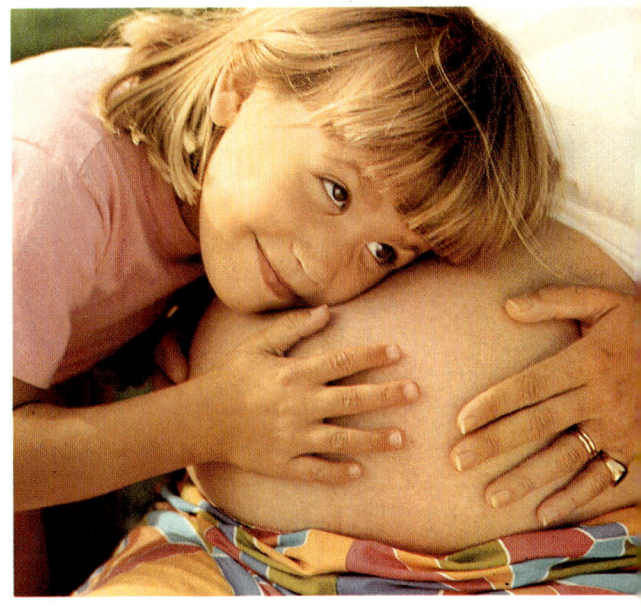

Après un petit moment, il a donné un autre coup, mais pas du tout là où nous avions mis nos mains.
  Parfois, Bébé bouge tellement que tout le ventre de Maman monte et descend. Une fois, j'ai posé ma joue sur son ventre et Bébé m'a donné de grands coups !

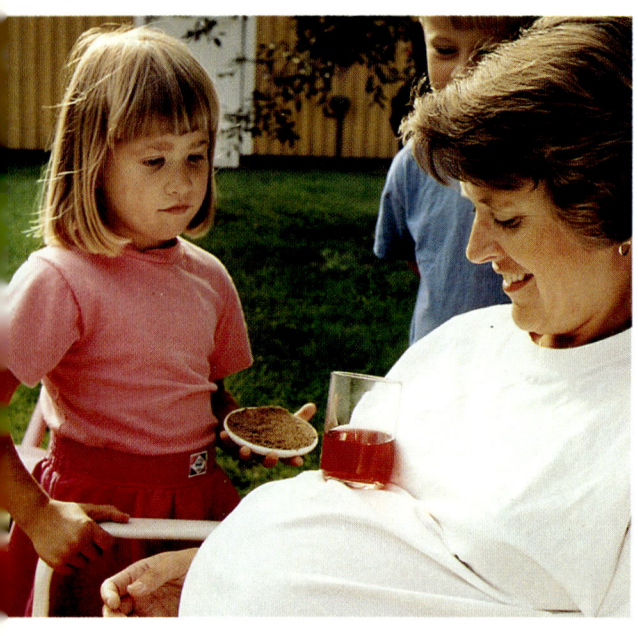

*J*ulien a eu l'idée de poser un verre de jus de fruit sur le ventre de Maman pour voir si Bébé frappait fort. On a attendu. C'était très excitant.

5 mois et demi, 30 cm.

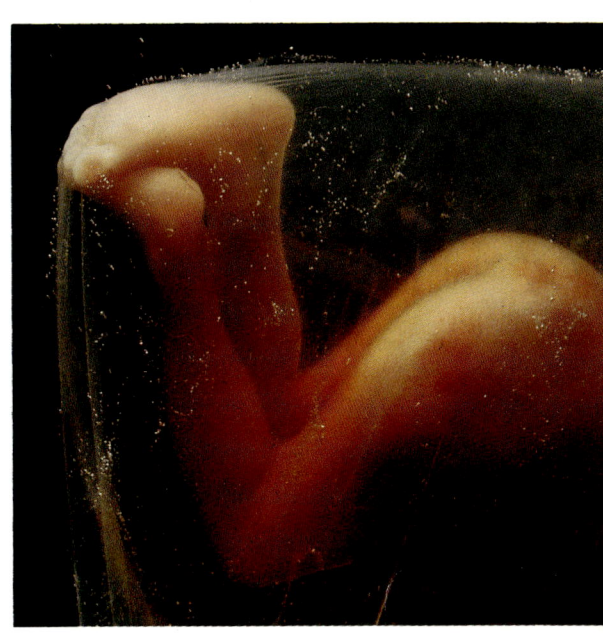

*T*out à coup, le verre est tombé ! Bébé l'avait renversé, tout seul ! Julien a crié «hourrah!» super fort, et j'ai vu que Bébé avait taché le tee-shirt de Maman. Mais elle riait. Elle n'était pas fâchée du tout. On ne peut pas être fâché contre quelqu'un qui n'est pas encore né, a dit Maman.

Ça ne me fait pas mal quand on me coiffe les cheveux. Je connais une fille qui pleure à chaque fois que sa maman la coiffe. Moi, j'aime bien changer de coiffure. Je me préfère avec un ruban. Ou avec des couettes.

Ma poupée, qui s'appelle Alice, a des cheveux en laine. Elle est très difficile à coiffer, mais je le fais quand même. Ça ne lui fait pas mal non plus. Elle aussi est plus jolie quand je lui fais des couettes.

Avant de naître, tout le corps de Bébé est recouvert d'un fin duvet appelé lanugo. À la naissance, le lanugo a disparu et il ne lui reste plus que quelques cheveux sur la tête.

Ce que l'on voit en blanc, sur ses sourcils, c'est de la graisse, une sorte d'huile naturelle qui recouvre entièrement son corps pendant tout le temps où il se trouve dans l'utérus. La graisse empêche la peau de se dessécher dans le liquide amniotique.

Peu après la naissance, quand on lave le bébé, la graisse disparaît.

6 mois, 35 cm.

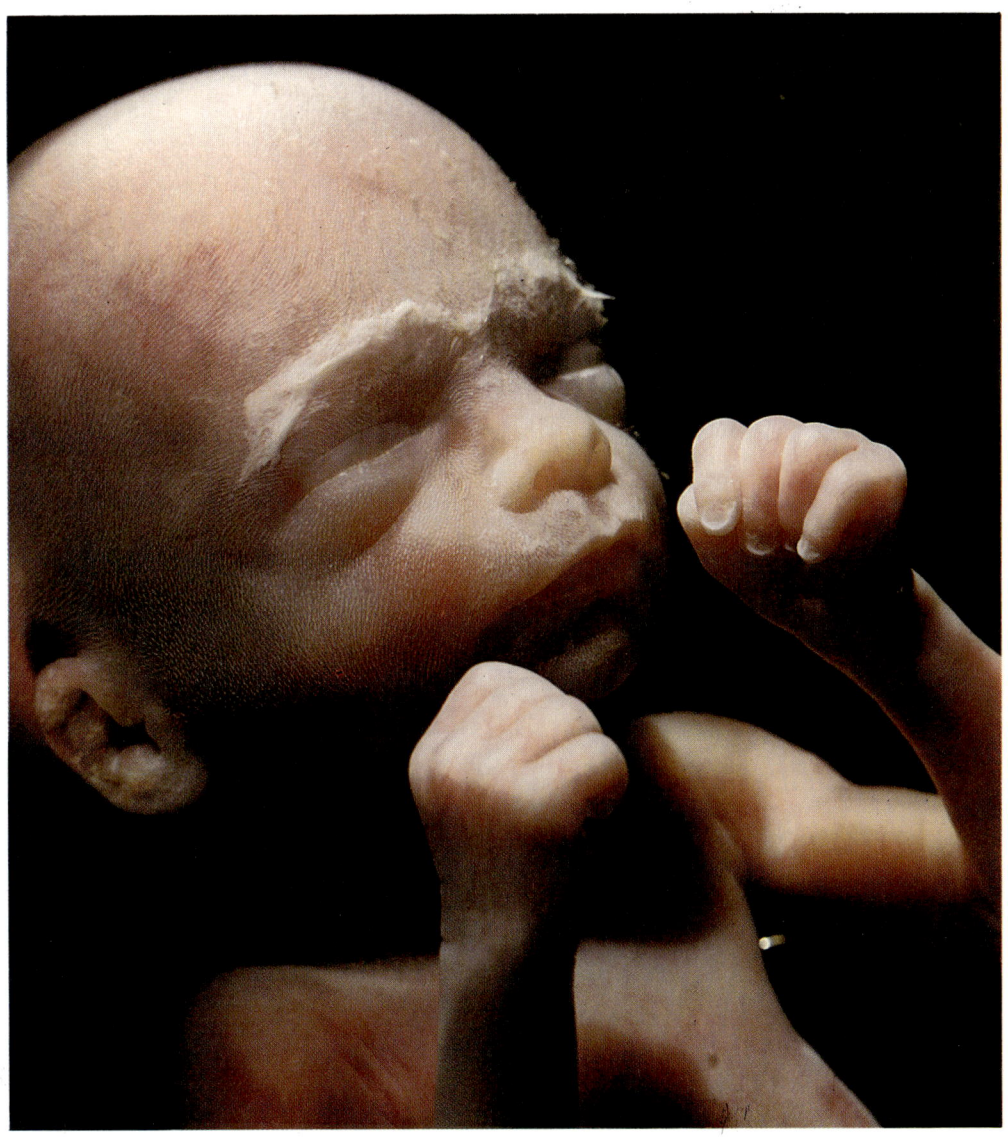

On a des pommes dans notre jardin. Au début, elles sont acides, petites et vertes. Puis, elles grossissent pendant tout l'été et deviennent rouges. C'est seulement quand il faut que je remette des chaussettes qu'on peut les cueillir. Alors, c'est l'automne.

Parfois, on fait des tartes aux pommes et des compotes. C'est bon. J'aime bien aussi manger les pommes comme ça, sur l'arbre. Et Maman doit en manger, parce que tout ce qu'elle mange, le bébé le mange aussi; ça je le sais maintenant.

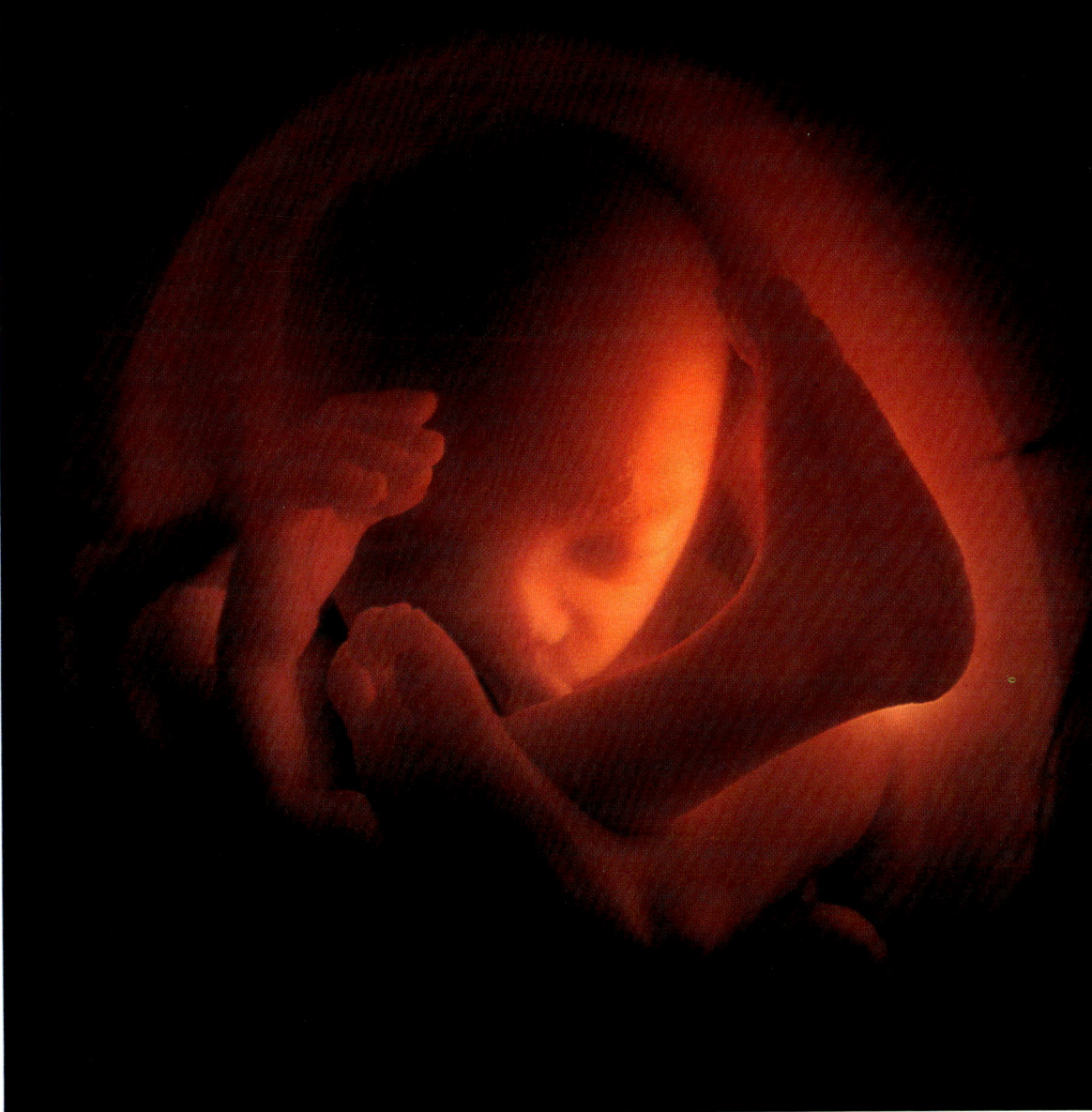

7 mois, 40 cm.

Et voilà, Bébé est comme tout le monde. Sept mois se sont passés depuis que le spermatozoïde est entré dans l'ovule et que le bébé a commencé à se développer. S'il naissait maintenant, il pourrait vivre. Mais il serait aussi fragile et menu qu'un petit poulet. En restant plus longtemps dans l'utérus, il devient plus dodu et ses poumons deviennent plus résistants.

Dans l'utérus, le bébé n'a pas besoin de respirer tout seul puisqu'il reçoit tout son oxygène par le cordon ombilical. Les poumons ne lui servent qu'une fois qu'il est né.

Une cachette c'est bien plus chouette quand elle n'est pas trop grande. La meilleure cachette, c'est tout en haut d'un arbre. Y'a pas besoin que l'arbre soit très très haut.

Ça, c'est notre cabane en bois dans la forêt. Je voulais grimper avec Julien, mais mes jambes ne voulaient pas. Même si, moi, je voulais aller plus haut, mes jambes, elles, voulaient tout le temps redescendre sur terre.

Julien a dit que j'étais peureuse. Mais c'est pas vrai. C'est juste que mes jambes ne voulaient pas faire ce que je leur demandais.

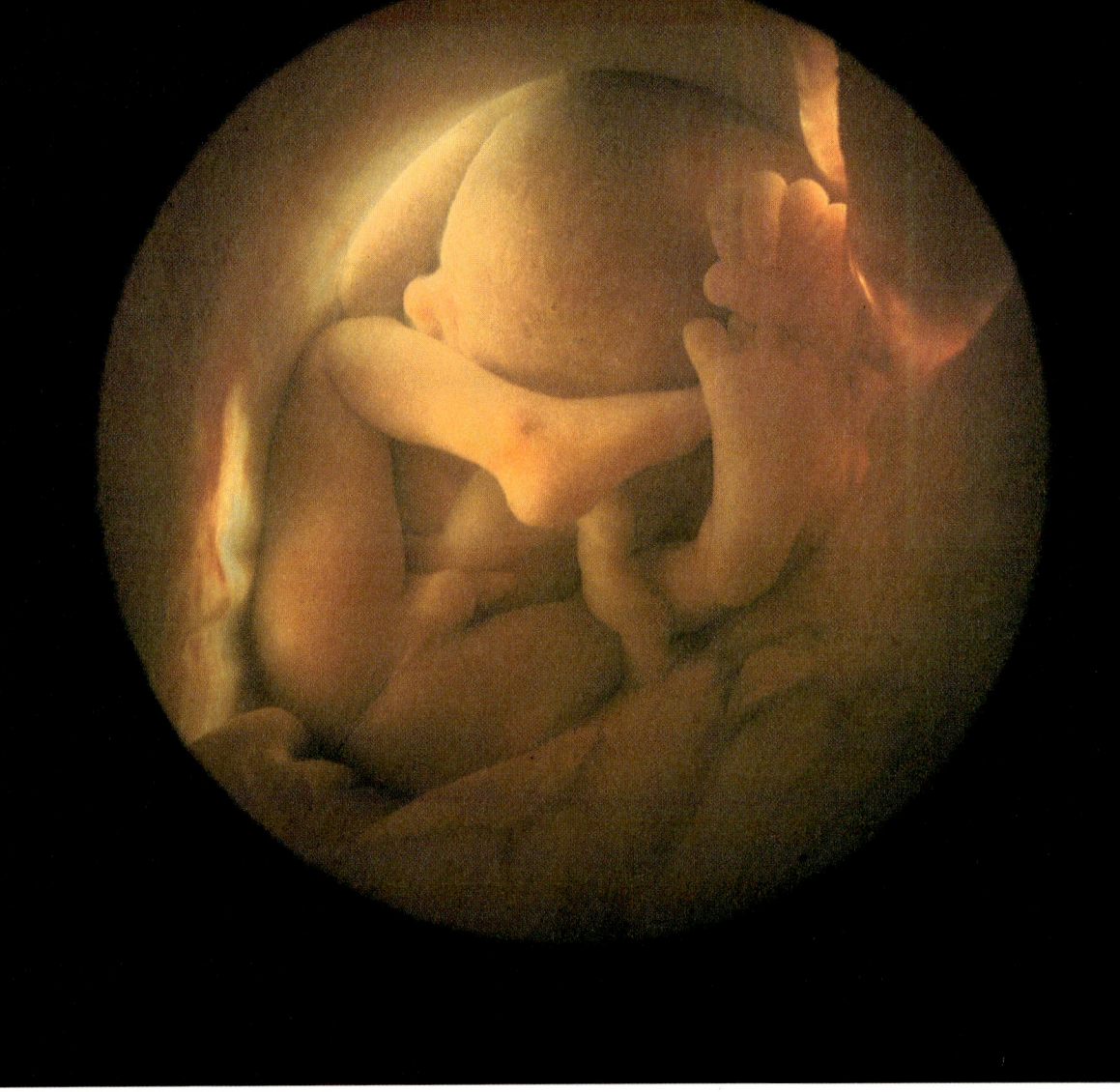

8 mois, 45 cm

Maintenant, le ventre de Maman, c'est comme une toute petite cachette . Bébé a tellement grossi qu'il ne peut plus se retourner, alors il donne des coups de pied.

À la fin, sa tête devient si lourde qu'il se retourne presque complètement et se retrouve les pieds en haut. C'est la meilleure position pour naître. Comme ça, la tête sort la première et c'est plus facile.

Pendant qu'il grandit, bébé s'entraîne à boire. De temps en temps, il avale une gorgée de liquide amniotique. Il fait aussi pipi. Mais c'est pas grave : il n'y a pas de microbe dangereux pour sa santé dans l'utérus.

À la maternité, ils nous ont fait écouter nos cœurs dans les haut-parleurs. Le cœur de Julien faisait «boum, boum!». Le mien faisait «crack, boum!».
Le cœur du bébé faisait penser à une petite montre. Il allait super vite. J'ai ri quand j'ai entendu mon cœur parce que j'ai trouvé qu'il battait très fort.
Quand j'ai entendu celui du bébé, j'ai pensé que c'était une petite sœur. Ce serait bien, comme ça, son second prénom serait Emmanuelle, comme moi.

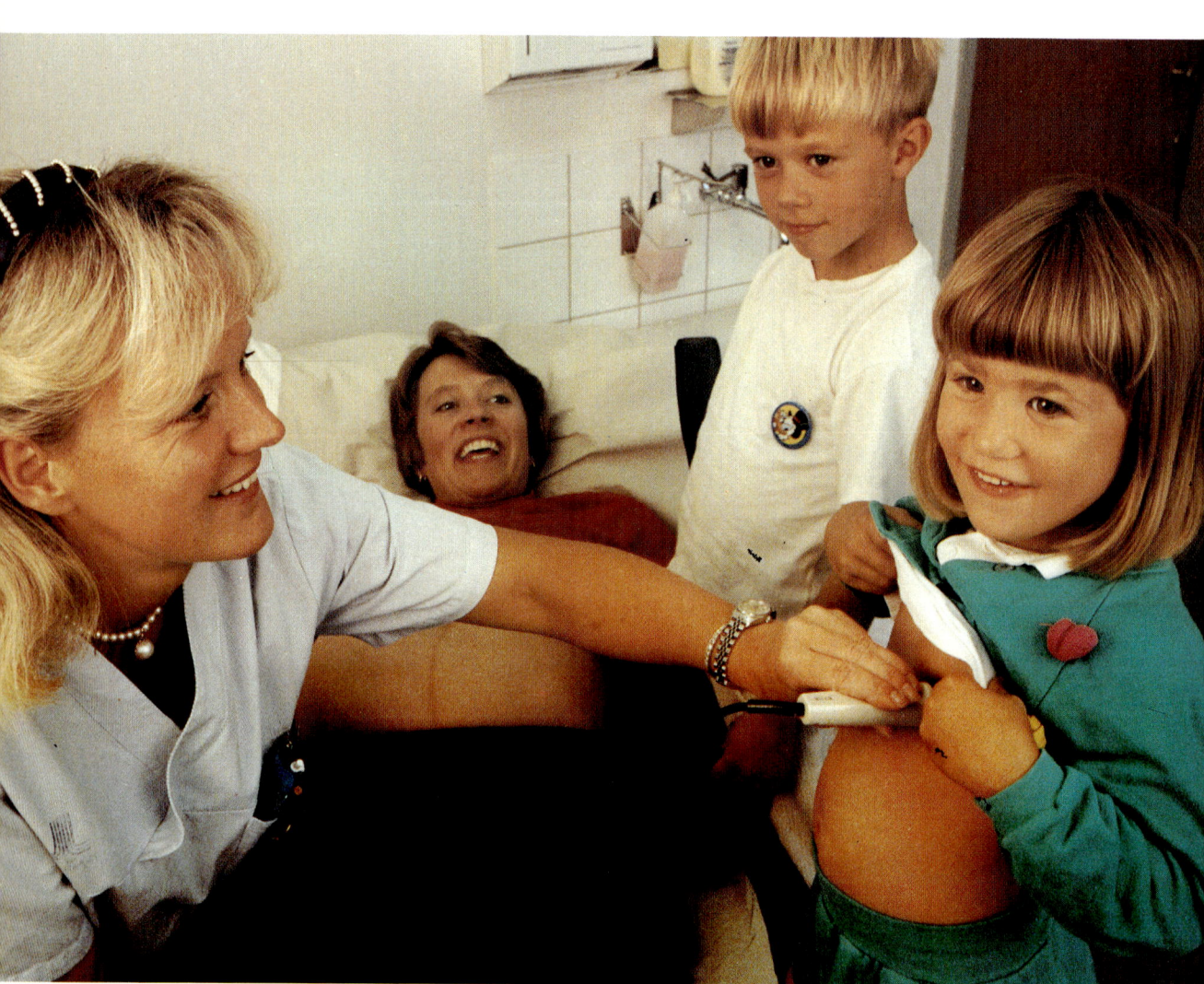

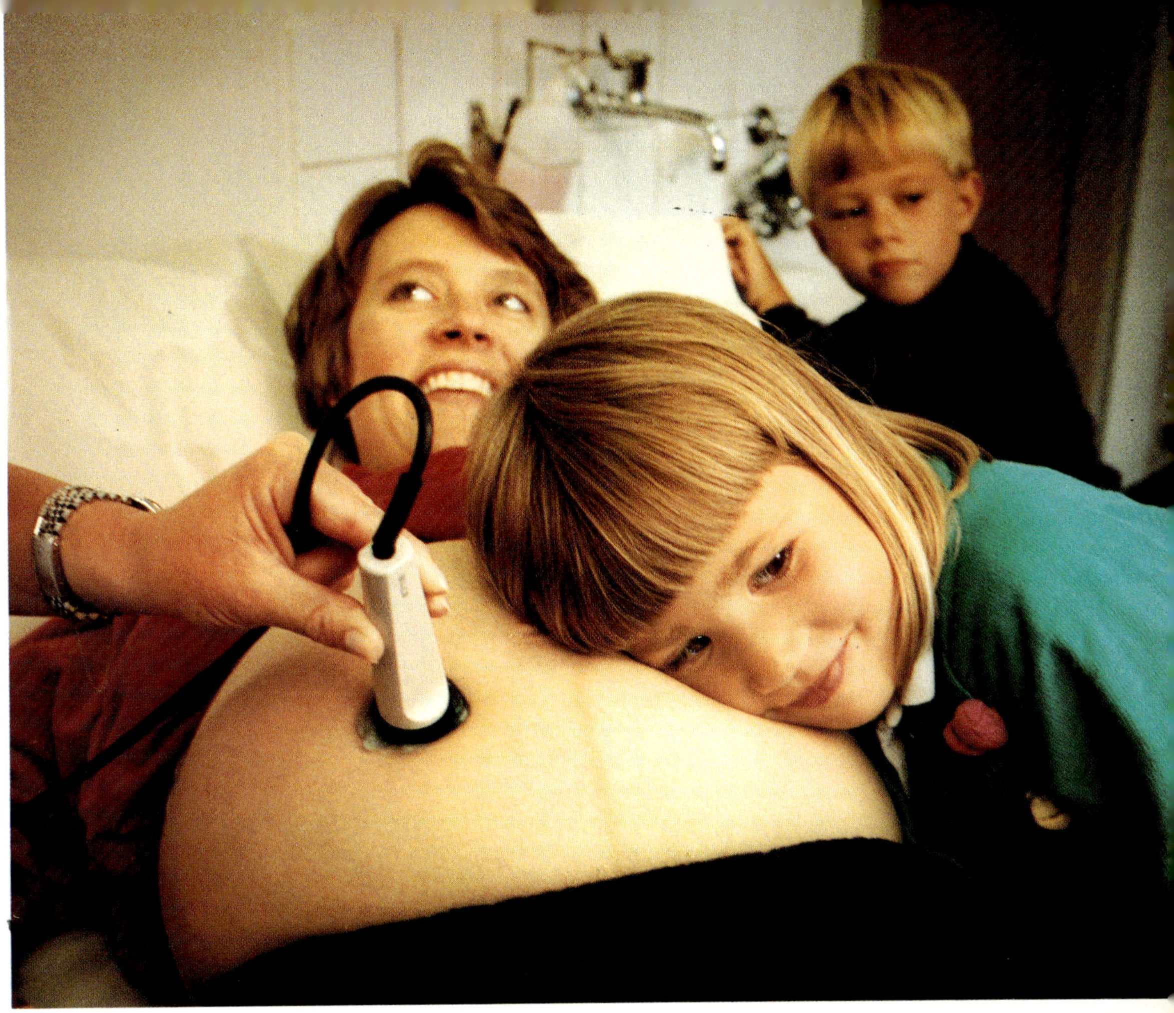

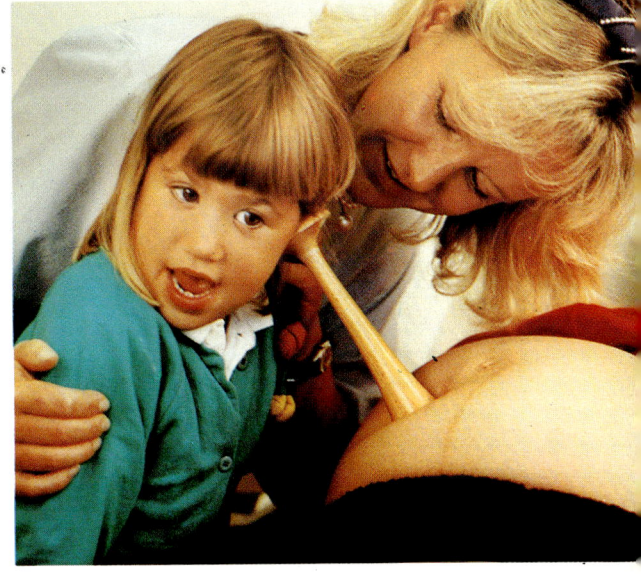

Le cœur de bébé bat à peu près 140 fois par minute. C'est deux fois plus rapide que le cœur de Maman.
Le ventre de Maman est très gros, maintenant. On peut voir que le bébé est grand. Il donne des coups de pied et bouge les mains. Bébé est vraiment très costaud : s'il donne un coup violent sur la vessie de Maman, elle peut faire un peu dans sa culotte.

Bébé va bientôt naître. Au-delà d'une certaine limite, le ventre de Maman ne peut plus grossir.

Quand je serai grande, j'aurai un canapé dans ma maison. Un rouge. C'est très joli les canapés.

Parfois, le soir, quand je n'arrive pas à dormir, je vais voir Papa et Maman. Ils sont assis sur le canapé et ils discutent. Maman met ses pieds en l'air parce qu'elle se sent beaucoup mieux comme ça.

Je veux m'asseoir sur ses genoux, mais elle dit que le bébé y est déjà assis et qu'il prend toute la place. Alors, je m'asseois à côté, entre Maman et le fond du canapé parce qu'il y a assez de place pour tout le monde sur le canapé.

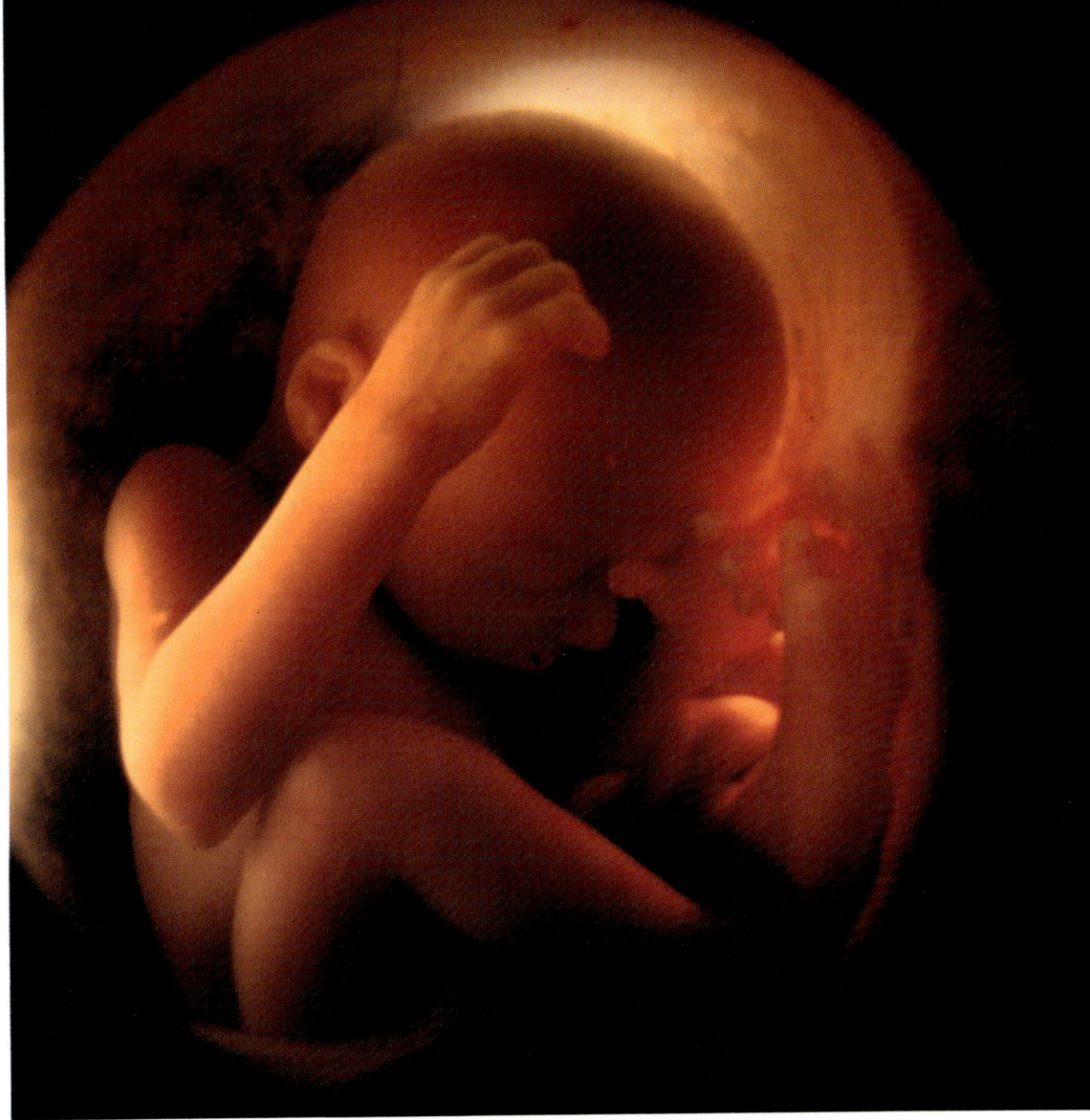

7 mois, 40 cm.

Comme Maman, Bébé se repose. Il lui reste si peu de place dans le ventre qu'il peut à peine bouger un petit peu de temps en temps.

Maintenant, on peut déjà avoir une idée de son caractère. Certains bébés donnent beaucoup de coups, d'autres sont plus calmes, et on dirait qu'ils dorment tout le temps.

Bébé nous entend quand on lui parle, et il paraît qu'il peut même reconnaître certaines voix à travers le ventre. Si les bruits sont forts et aigus, alors il a peur et il sursaute.

Moi j'ai bien remarqué que tous les ventres ne sont pas pareils. Quand les gens sont gros de partout, leur ventre est mou comme de la gelée. Mais quand une maman va avoir un bébé, son ventre devient gros et un tout petit peu dur.

Julien arrive presque à nouer ses lacets tout seul. Il aide Maman à lacer les siens parce qu'elle dit toujours que son ventre la gêne pour se pencher.

Ma mamie trouve ça drôle que de si petites chaussettes aient pu m'aller, parce que je suis une grande maintenant. On a regardé tous les vêtements préparés pour le bébé. Certains vont parfaitement à Alice, ma poupée.
Je voulais les garder. Surtout ceux qui étaient à moi quand j'étais petite. Ils sont si mignons et si doux.

Maman avait dit que Mamie viendrait chez nous quand le bébé naîtrait. Parce que Papa irait avec Maman à l'hôpital. Mais je ne voulais pas que Maman s'en aille.

Je lui ai dit d'oublier le bébé, que deux enfants, ça suffisait !

Mais Maman m'a répondu qu'on ne pouvait pas oublier le bébé, parce qu'il n'avait plus assez de place dans son ventre. Il voulait naître maintenant, quoique je dise.

Alors moi aussi, j'ai voulu aller avec Maman, mais ce n'était pas possible. Mamie a dit qu'il fallait préparer le dîner. J'étais triste quand Maman et Papa sont partis parce que je ne voulais pas que ma maman aille à l'hôpital.

Maintenant Bébé veut sortir. L'utérus se contracte pour l'aider à sortir. Et Maman sent que son utérus se contracte de plus en plus fort.

Ça fait mal. Mais ce n'est pas comme les autres douleurs du corps. Celle-là, elle est unique, c'est celle que ressent la maman en mettant un enfant au monde. À ce moment-là, la maman se rend compte qu'il est temps qu'elle aille à l'hôpital. Elle prépare sa valise et quand c'est le moment de partir, elle est heureuse.

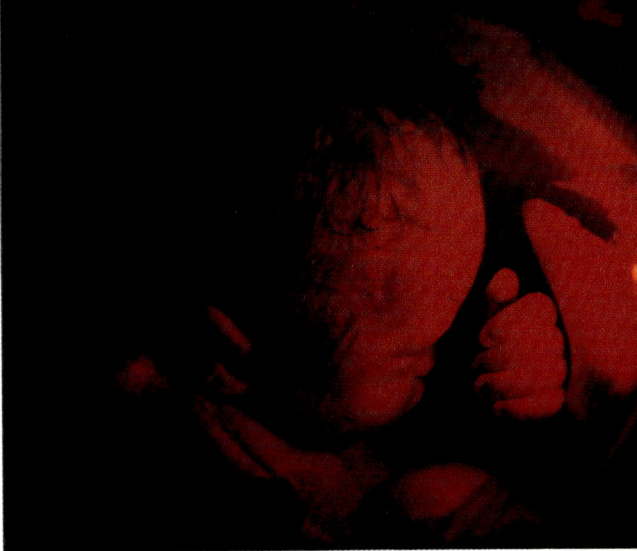

8 mois et demi, 55 cm.

Accoucher ça veut dire mettre un enfant au monde. L'accouchement est parfois rapide, mais il peut aussi durer des heures et des heures !

L'infirmière qui s'occupe de Maman pendant qu'elle met le bébé au monde s'appelle une sage-femme.

Elle s'assure que Maman et Bébé se portent bien, car l'accouchement est une épreuve difficile. La maman doit être forte pour accoucher du bébé et lui aussi doit l'être, pour naître.

À chaque contraction de l'utérus, Bébé est poussé un peu plus vers le vagin. Enfin, on aperçoit sa tête à l'entrée du vagin. Il ne lui reste plus beaucoup de chemin à faire. Une fois que la tête est passée, le reste du corps glisse comme un savon.

Bébé se met tout de suite à respirer et il peut très vite téter le sein de Maman. Comme le cordon ombilical ne lui sert plus à rien, on le coupe. Heureusement ça ne lui fait pas mal du tout.

Youpi, c'est un garçon ! Il s'appelle Thomas.

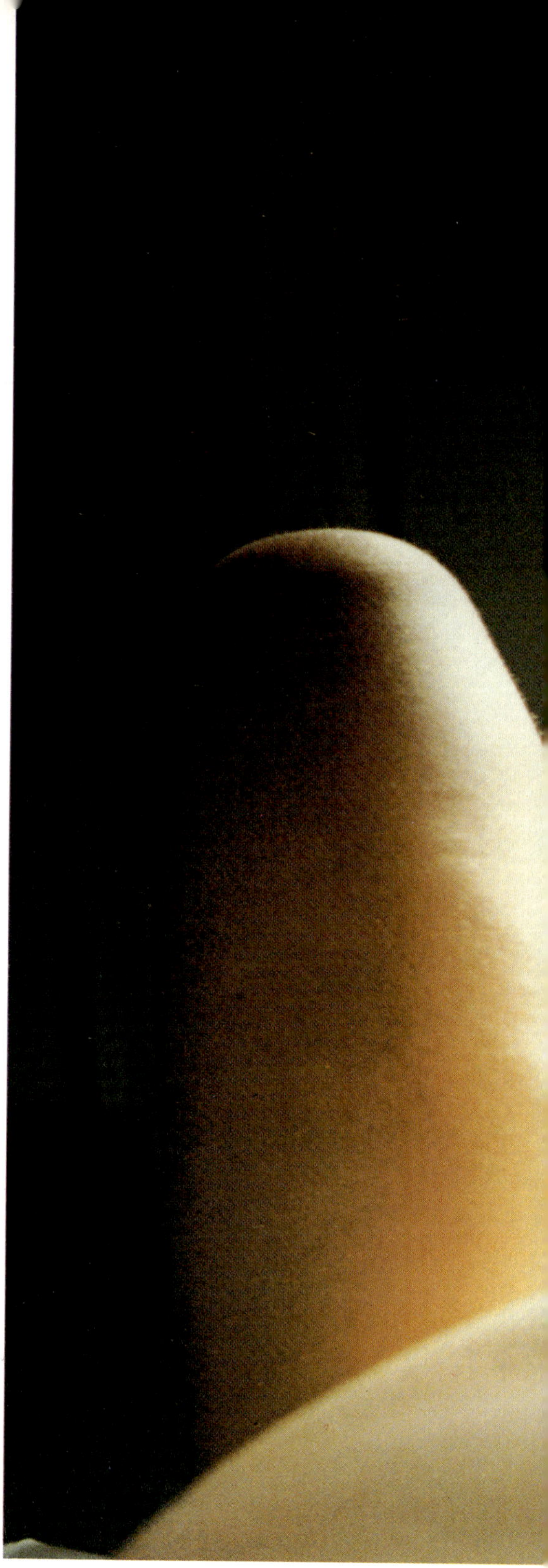

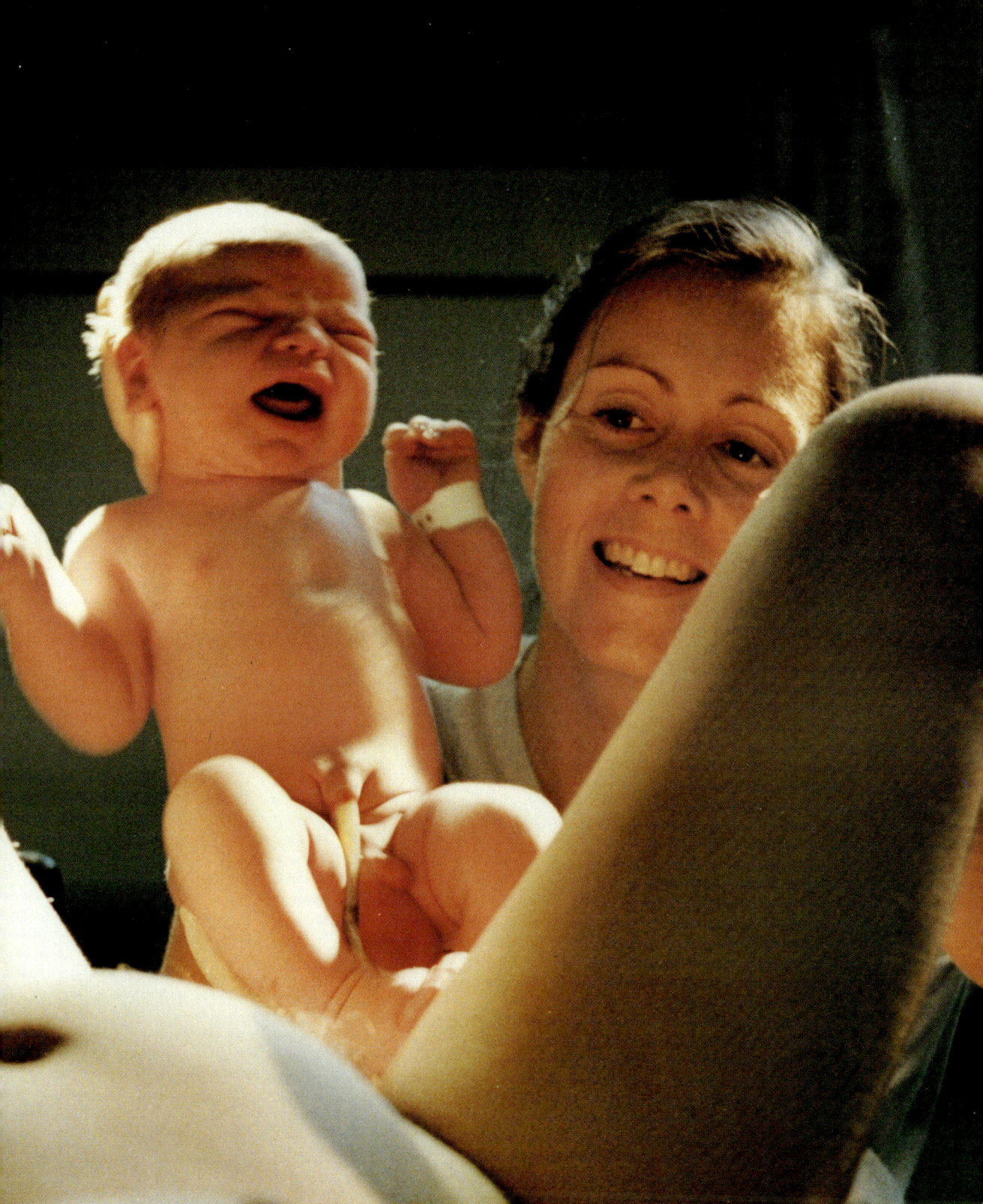

C'est bizarre, un bébé qui vient juste de naître. En général, il est bien éveillé et pas du tout fatigué. C'est comme ça pour Thomas.

Allongé sur le ventre de Maman, il regarde un peu autour de lui. Il respire et, pour la première fois, il tète le sein.

Il reste un petit bout de cordon ombilical. C'est pas grave. Il tombera tout seul dans quelques semaines.

En vrai, le nombril, c'est la cicatrice laissée sur le ventre par le cordon ombilical.

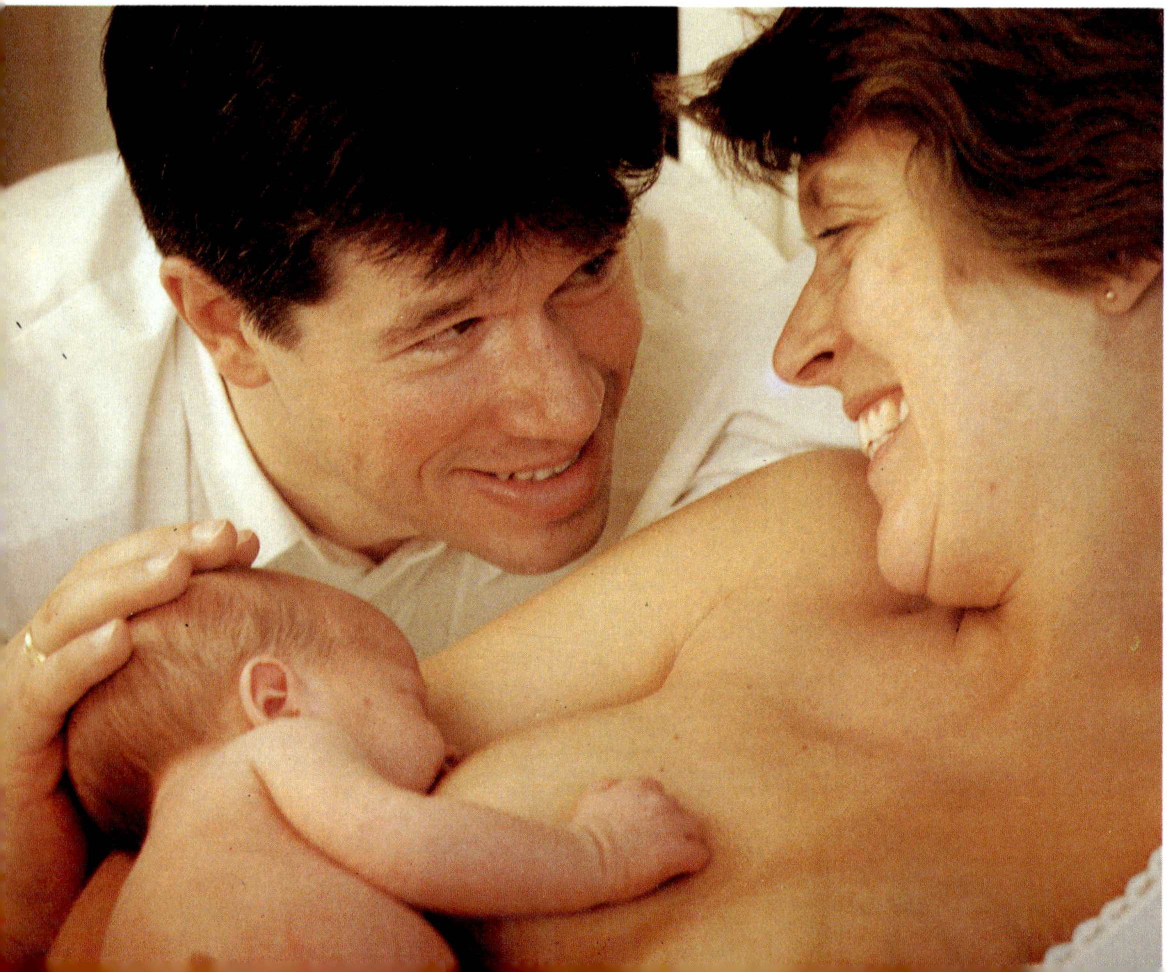

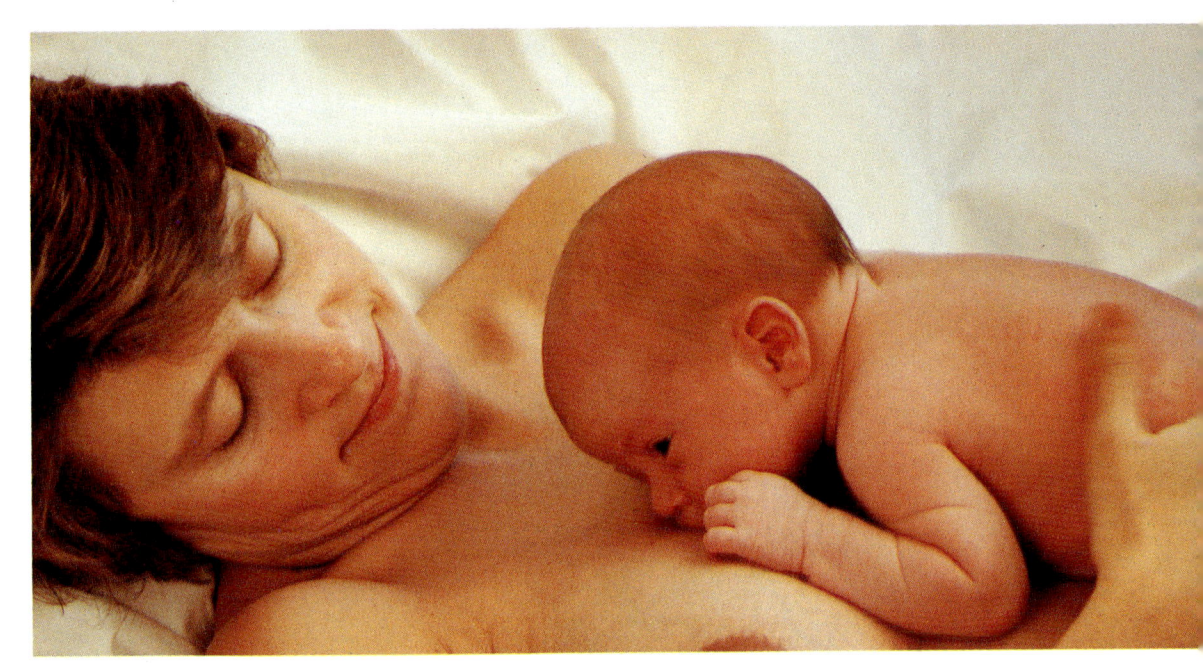

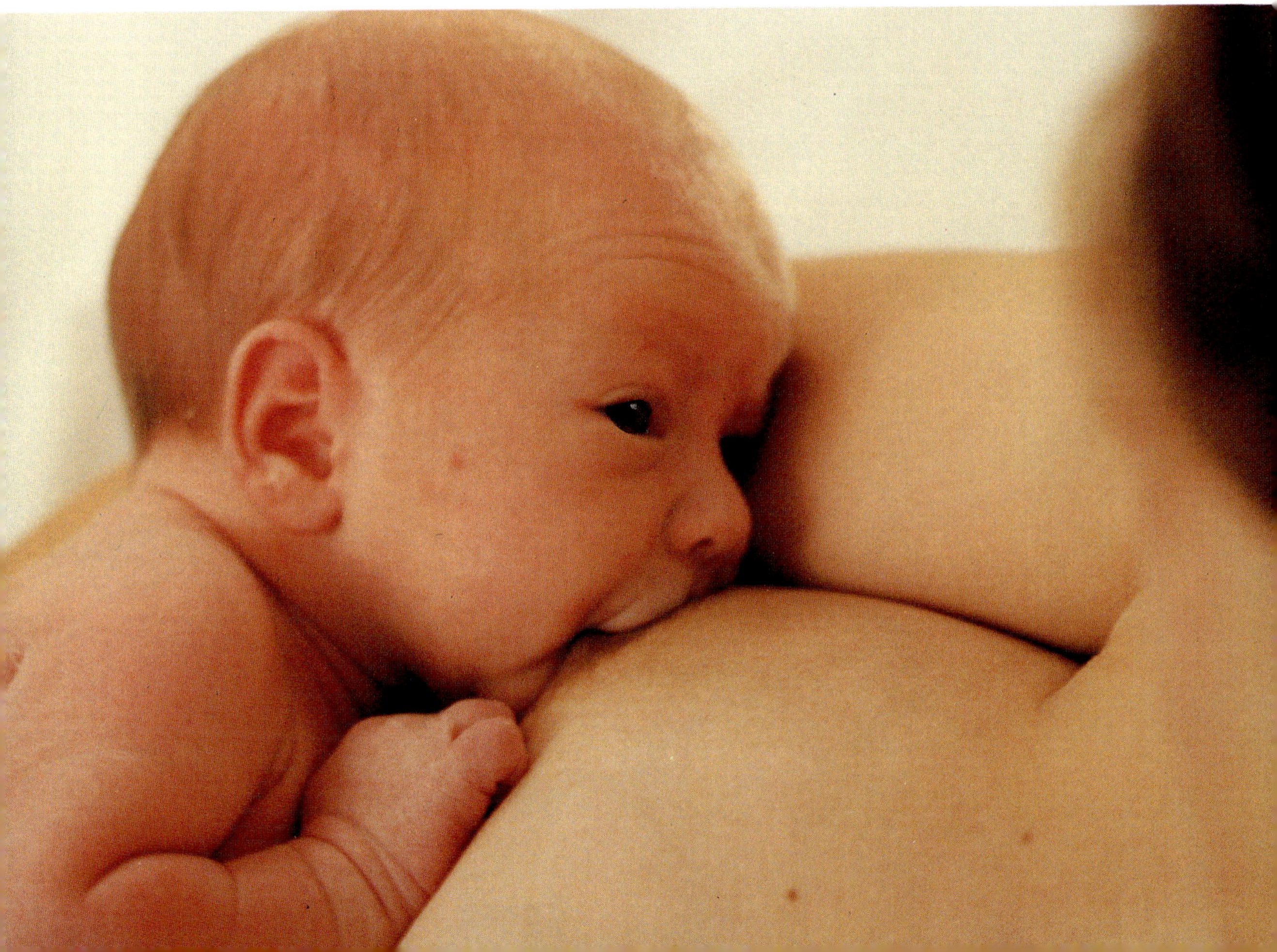

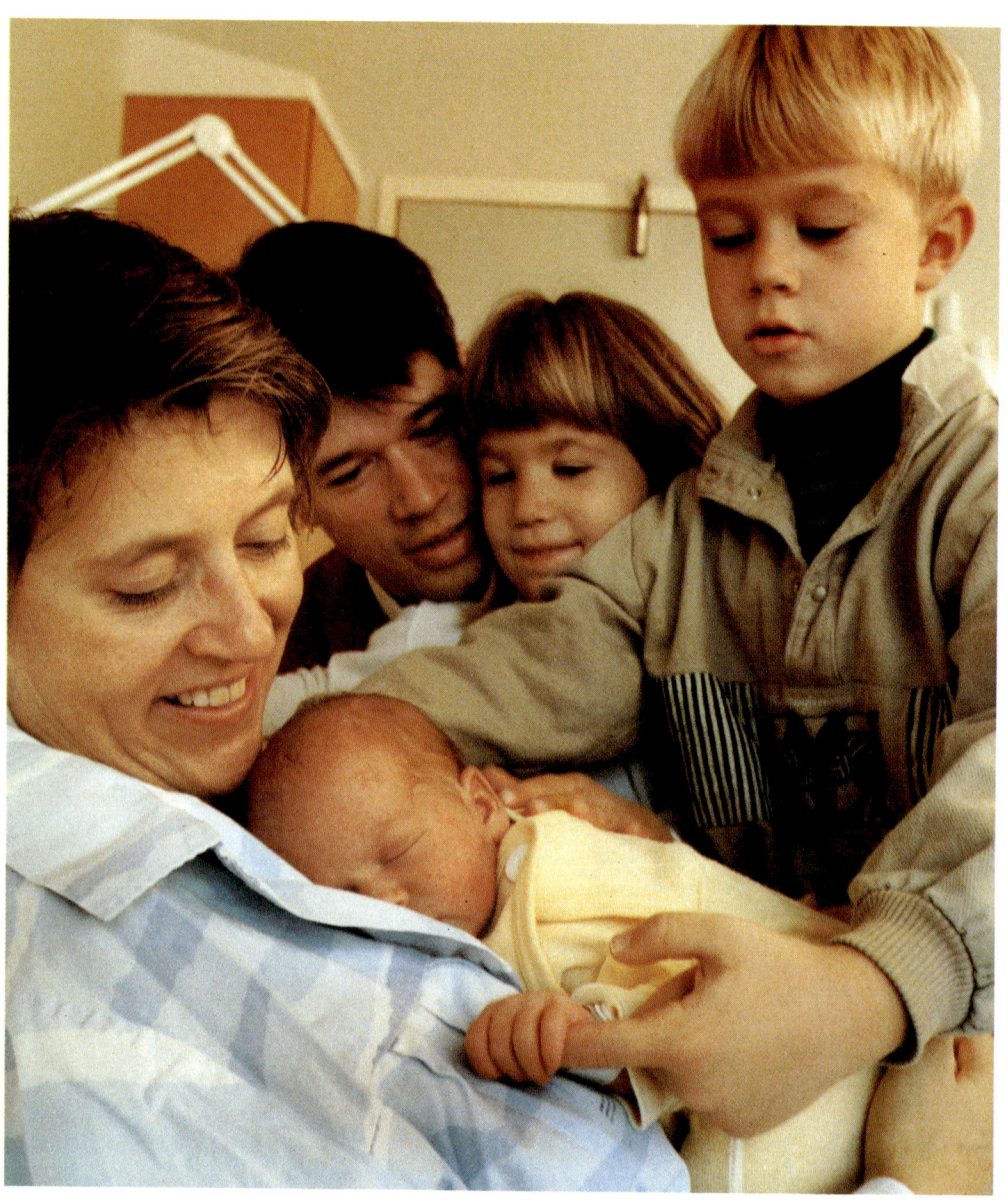

*L*orsque Thomas a eu un jour, nous sommes tous allés à l'hôpital avec Papa. Maman était très heureuse lorsque nous sommes arrivés. Mais je préfère quand elle a ses habits normaux. Moi, j'étais toute timide parce qu'elle n'était pas comme d'habitude.

Thomas était petit, tout petit, riquiqui. Je l'ai trouvé trop mignon, et sa tête était toute chaude quand je lui ai fait un bisou.

Je l'ai tenu dans mes bras (avant Julien, parce que c'est moi qui avais demandé la première). C'était pas facile parce qu'un nouveau-né ne se tient pas tout seul. Il était sur mes genoux, sans bouger. Je regardais ses mains. Elles étaient un peu rouges et ridées et je n'avais jamais vu des ongles aussi minuscules.

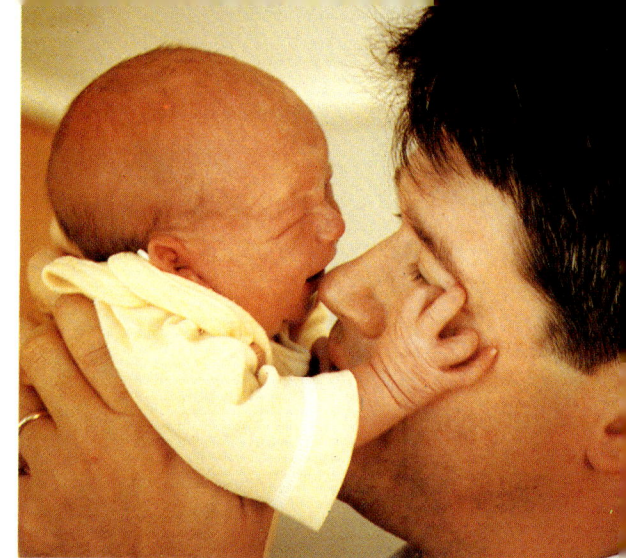

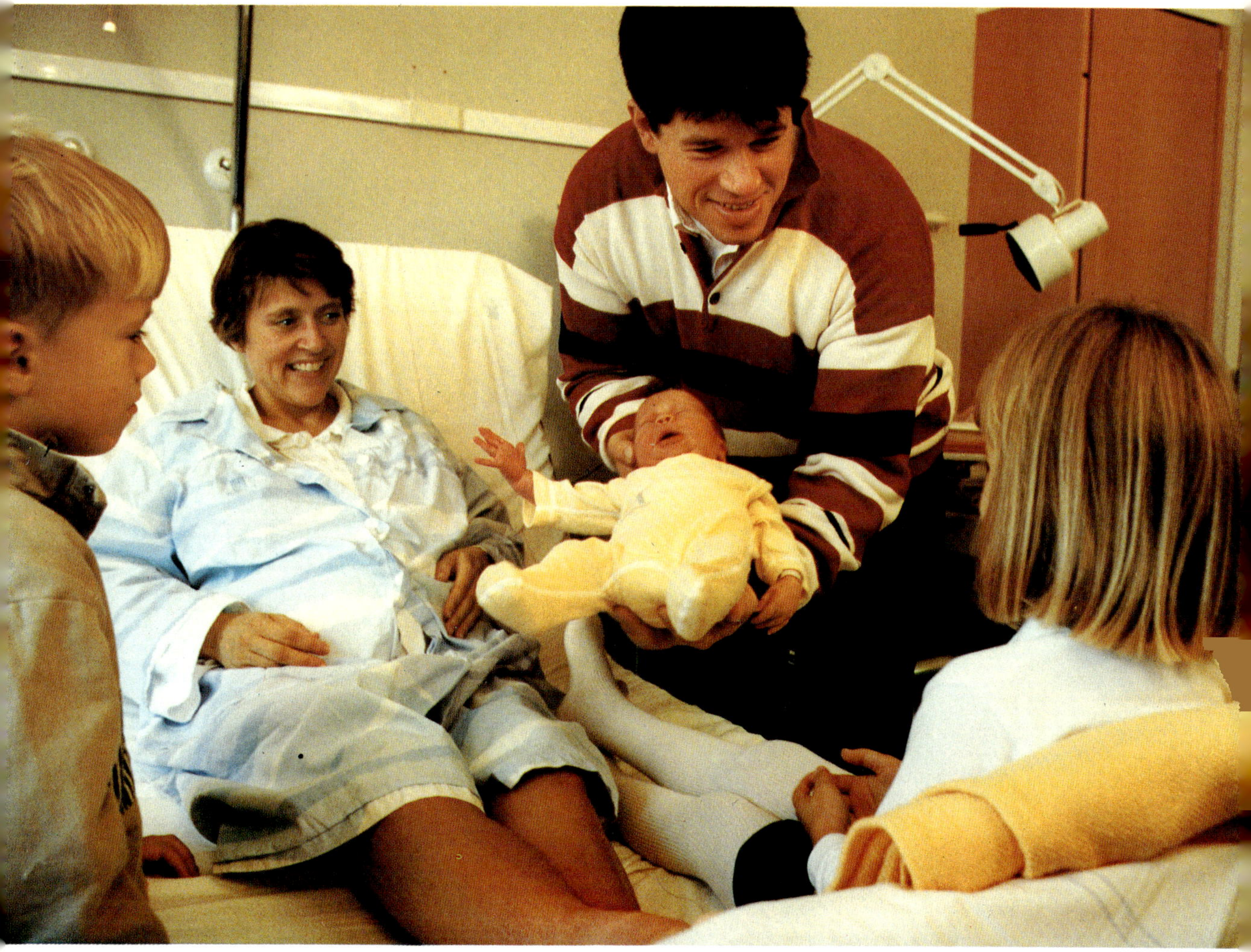

J'ai aidé Papa à habiller Thomas. Alors seulement, j'ai réalisé qu'on ne pouvait pas lui donner Emmanuelle comme deuxième prénom parce que c'était un garçon. Ça, je ne le savais pas hier.

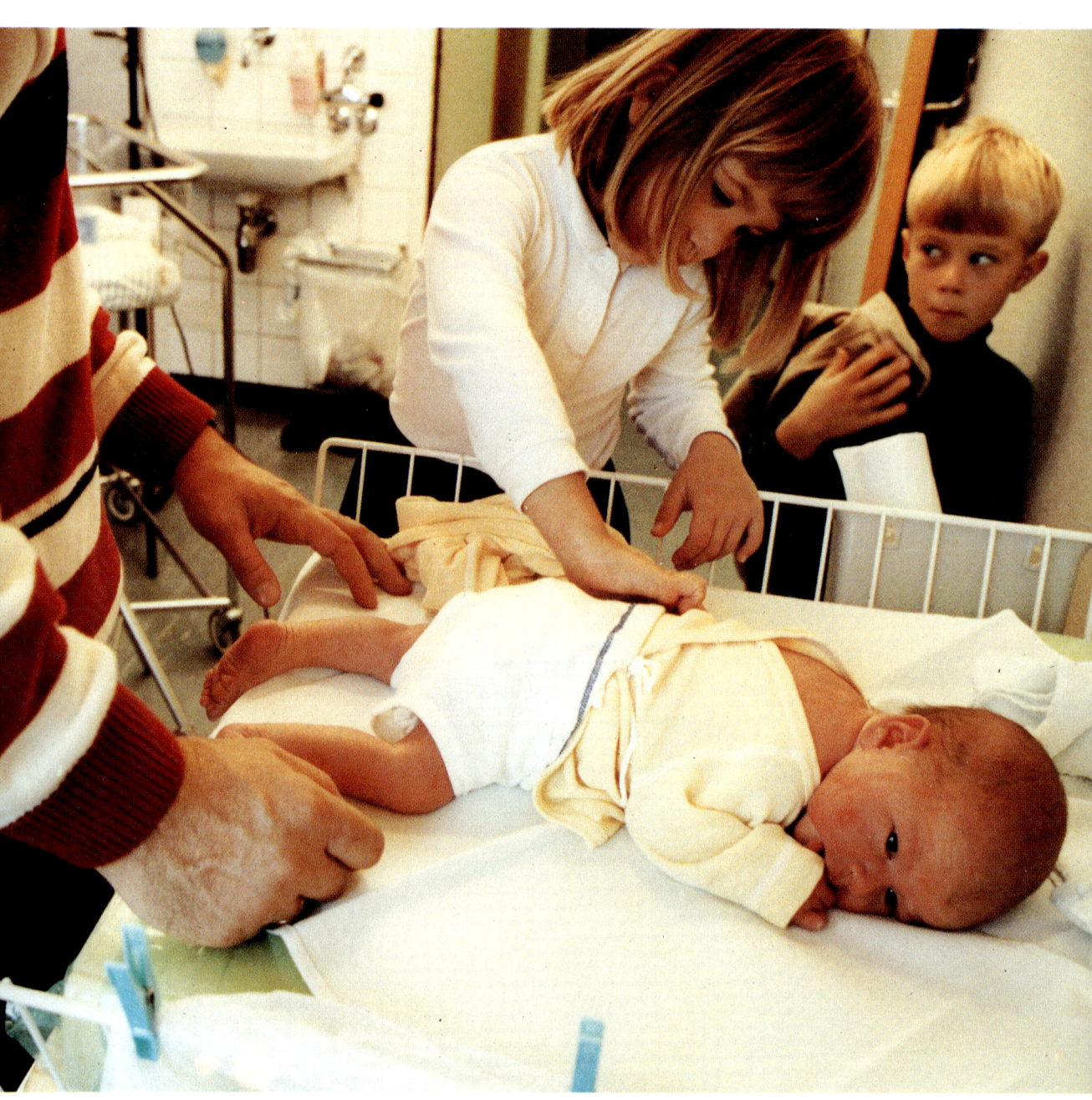

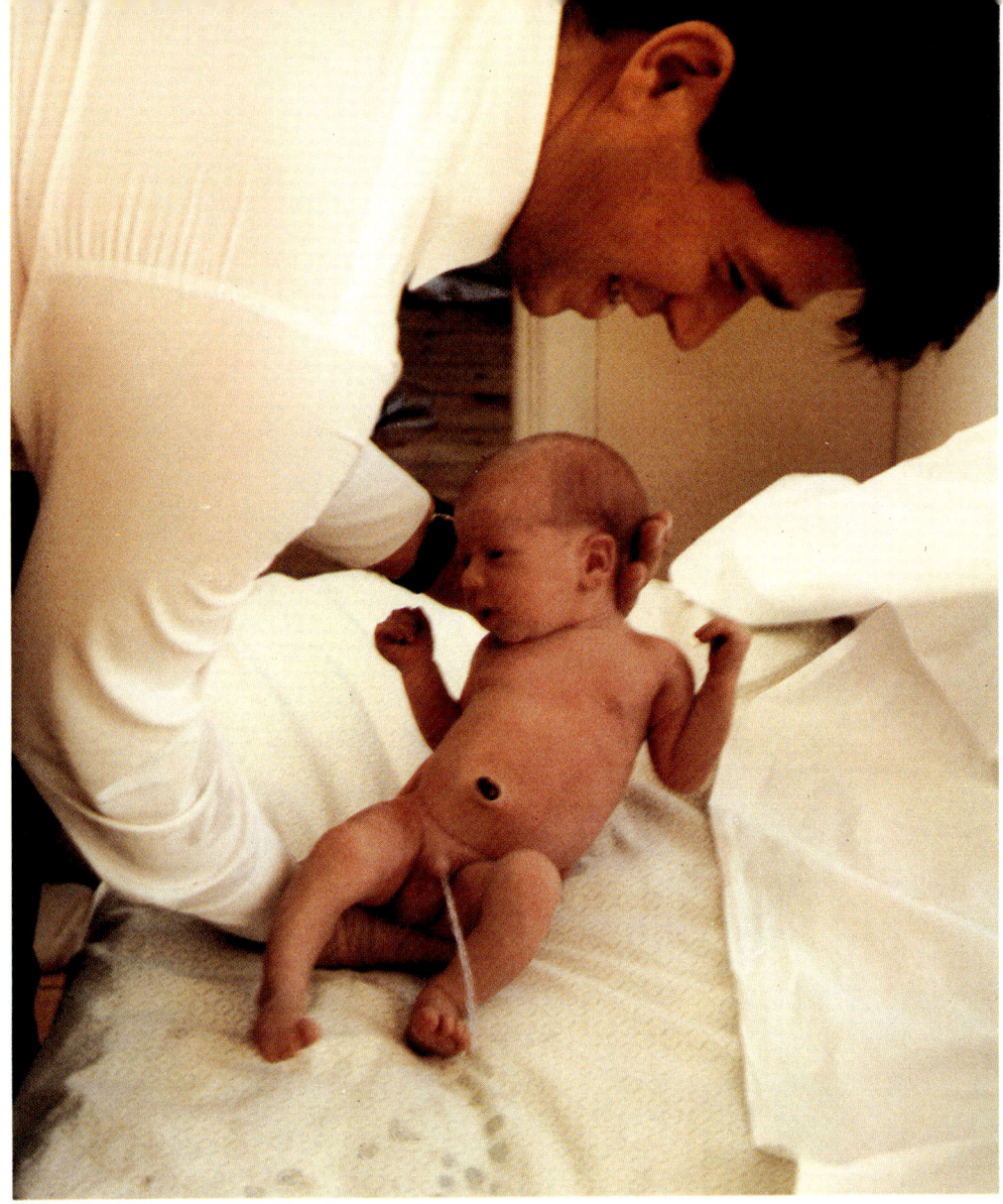

Il y avait encore un petit bout de cordon ombilical sur le ventre de Thomas. Maman a dit que c'était comme ça chez tous les nouveaux-nés, mais je n'ai pas trouvé ça très joli. Heureusement, il est tombé plus tard.

Une fois, Thomas a fait pipi quand Papa changeait sa couche. Son pipi est allé tout droit en l'air, comme un jet d'eau. C'était très drôle et ça nous a beaucoup fait rire. Thomas, lui, n'a rien remarqué. Il ne sait pas encore rire. Tout ce qu'il sait faire c'est dormir et manger, et encore dormir et manger. Et aussi faire pipi, bien sûr.

Thomas grandit très vite. Il est devenu un gros bébé joufflu. À chaque fois que Julien et moi on parle avec lui, il se met à rire et son petit ventre gargouille. Maman dit qu'il est sociable. Et ça se voit !

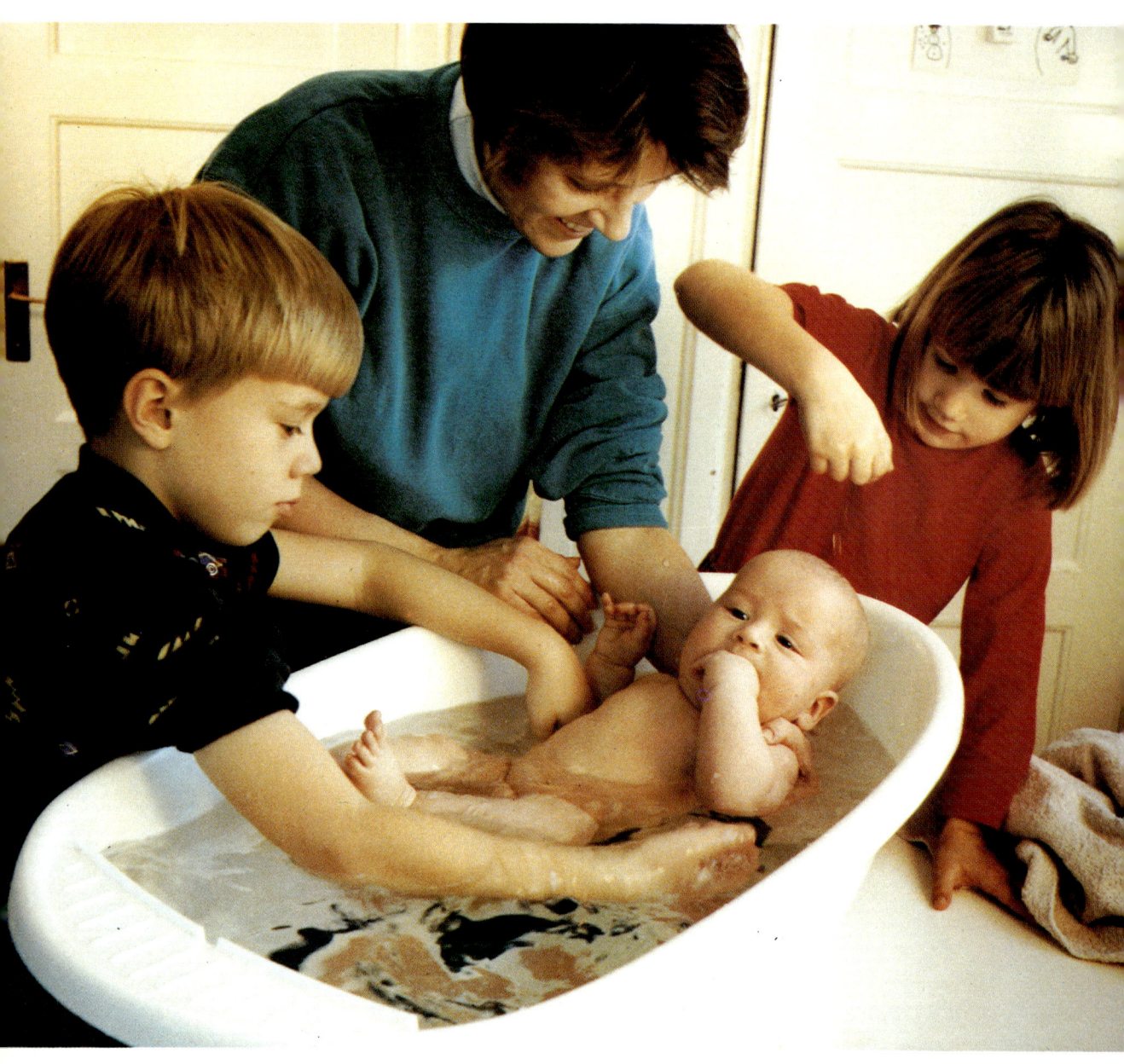

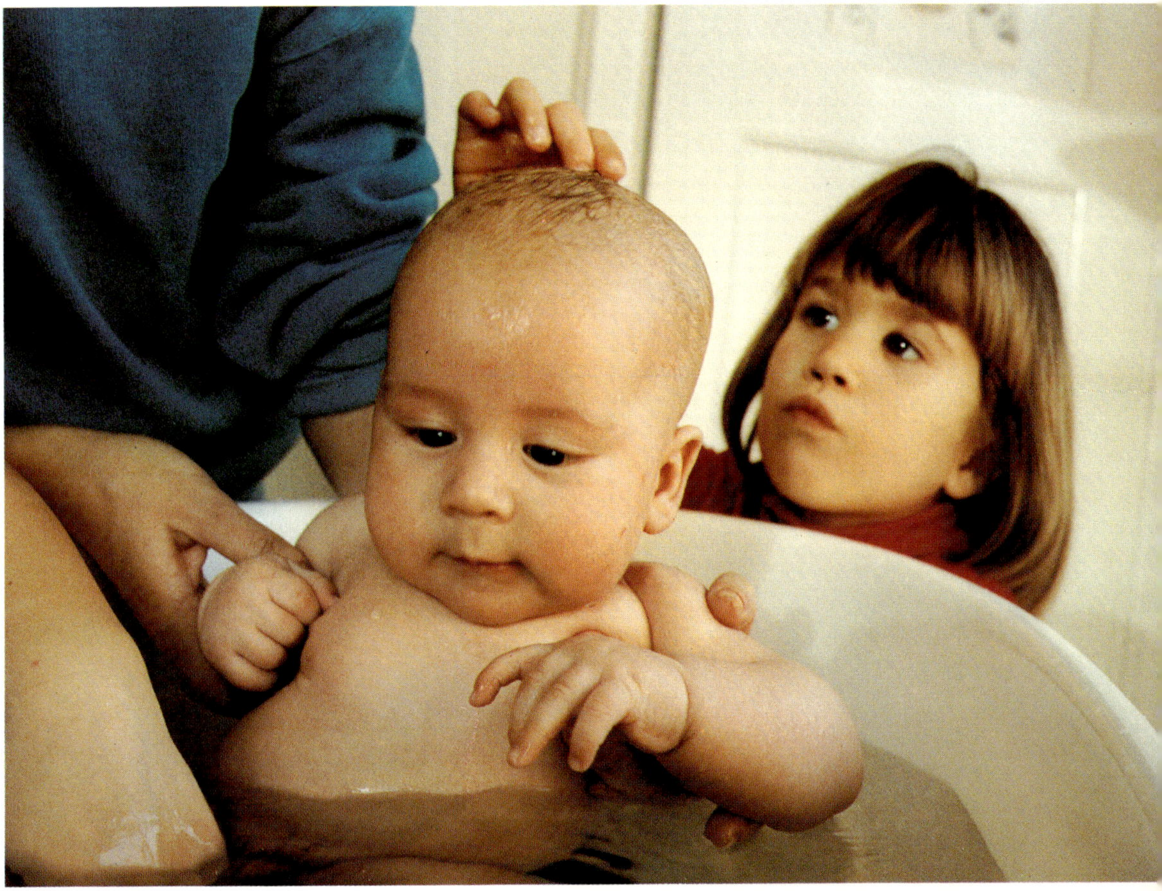

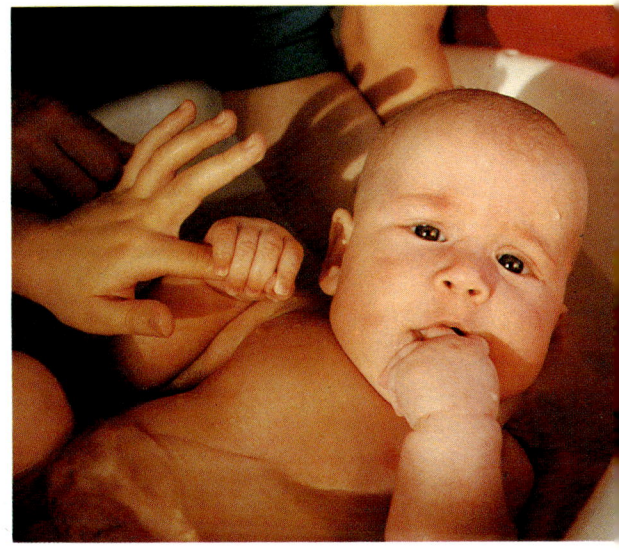

Thomas est capable de serrer mon doigt très fort. Il est vraiment costaud ! Maman nous a dit que ça s'appelait le réflexe de préhension. Tous les nouveaux-nés peuvent serrer aussi fort, même s'ils ne se rendent pas compte de ce qu'ils font.

J'aime bien aider Maman quand elle donne son bain à Thomas. J'adore le tenir quand il est mouillé, il est tout doux.

A Noël, l'année dernière, Thomas n'était pas avec nous, mais cette fois-ci, il est là. Je trouve ça...super-génial !
De toute façon, je n'arrive plus à me rappeler comment c'était avant qu'il arrive. C'est comme s'il avait toujours été dans la famille.
Quand Papa, Julien et moi, on a ramené le sapin de Noël, j'ai pensé que, maintenant, j'étais deux sœurs à la fois : une petite sœur et une grande sœur. Julien est seulement un grand frère et Thomas seulement un petit frère. Alors c'est mieux d'être au milieu, comme moi.

*Q*uand on a un bébé à la maison, tout le monde veut le voir.
   Tous les jours, quand Maman vient nous chercher à l'école, tous les enfants viennent voir Thomas. Une fois, une fille qui s'appelle Hélène a sauté du haut du portique, juste parce qu'elle avait vu Maman arriver avec le landau. Tout ça parce qu'elle voulait être la première à voir Thomas. Elle est folle! Et notre voisine, Yoko, veut toujours dire bonjour à Thomas ; pourtant, elle a déjà deux enfants.
   Elle dit en riant que ce ne sont plus des bébés.

Dans la famille, nous aimons tous Thomas à la folie. Il est si gai et si doux quand on le porte. Maintenant, il peut presque se lever tout seul. J'ai gardé ses chaussettes qui sont déjà devenues trop petites pour lui, à cause de quelque chose que m'a dit Mamie : elle m'a dit que quand je serai grande, j'aurai certainement un bébé à moi.

J'ai décidé quelque chose :

Mon bébé à moi s'appellera Emmanuelle en deuxième prénom.